그들도 나처럼 소중하다

그들도 나처럼 소중하다

초판 1쇄 발행 2012년 12월 10일
초판 6쇄 발행 2017년 6월 7일

지은이 | 박경서
펴낸이 | 金滇珉
펴낸곳 | 북로그컴퍼니
편집부 | 김옥자 · 태윤미 · 서진영
마케팅 | 김승지 · 이예지
디자인 | 김승은
경영기획 | 김형곤
주소 | 서울시 마포구 월드컵북로1길 60 (서교동), 5층
전화 | 02-738-0214
팩스 | 02-738-1030
등록 | 제2010-000174호

ISBN 978-89-94197-38-8 03300

ⓒ 박경서, 2012

※ 잘못된 책은 서점에서 바꿔드립니다.
※ 이 책은 저작권법에 의해 보호받는 저작물이므로, 저자와 출판사의 허락 없이는 어떠한 형태로도 내용의 전체 또는 일부를 사용할 수 없습니다.

대한민국 최초의 인권대사 박경서
그가 들려주는 세계 인권 이야기

그들도 나처럼 소중하다

박경서 지음

북로그컴퍼니

/ 프롤로그

나와 당신이
함께 살아가는 방법

/

    나는 18년 동안의 제네바 생활을 마치고 2000년 1월 귀국한 후 이화여자대학교에서 학생을 가르치는 5년 동안, 즉 2007년 2월부터 2012년 1월까지 총 네 권의 책을 썼다. 귀국 전에도 네 권의 책을 썼으니 이 책은 내가 쓴 아홉 번째 책이다.

    귀국 후에 쓴 네 권의 책이 유엔을 비롯한 국제기구들이 평화, 인권, 지속 가능한 발전을 위해 어떻게 노력하고 있는지를 보여주는 책이었다면, 이 책은 스위스 제네바에 있는 국제기구 WCC World Council of Churches, 세계교회협의회에서 18년간 근무하며 직접 보고 체험한 전 세계의 인권 유린 현장에 대해 썼다. 많은 나라에서 겪은 인권 유린의 처참한 사례들을 통해 그것이 우리의 삶과 결코 동떨어질 수 없다는 것을 말하고 싶었다. 특히 '인권'이라고 하면 어렵고 딱딱하다고 생각하는 독자들을 위해, 나의 수양딸 미치코와 대화하는 형식으로 집필하여 쉽게 읽을 수 있도록 했다.

미치코는 가슴으로 낳은 나의 딸로, 평화와 인권을 위해 뛰어온 내게 있어 매우 특별하고 상징적인 존재이다. 미치코는 일본과 중국의 뜻있는 분들과 나의 도움을 받아 아주 올곧게 성장하여 지금의 위치에 올랐다.

난 미치코를 볼 때마다 한국, 일본, 중국의 미래를 발견하고는 한다. 현재 동북아시아의 관계는 그다지 좋다고 말할 수 없지만, 같은 민족이 아님에도 불구하고 미치코를 도와준 많은 분을 생각하면 아시아의 미래에도 희망이 있다고 생각한다. 그래서 미치코의 목소리를 빌려 인권에 대한 이야기, 그리고 앞으로 우리나라가 걸어가야 할 화해와 협력의 방향을 이야기하고자 한다.

나는 우리나라가 민주화로 가는 격동의 시절인 1982년, 군사정권의 압박으로 인해 한국을 떠나 스위스 제네바로 가게 되었다. 하지만 제네바에서 생활한 18년이 나에게는 전화위복이 되어, 균형 잡힌 시각을 가질 수 있게 되었으며 그 덕분에 더욱 성숙한 삶을 살 수 있었다.

내가 근무한 WCC의 아시아국 국장이란 자리는 아시아의 31개국에 1년 평균 3500만 달러(한화 약 400억 원)를 무상으로 원조하는 자리이다. 이 일을 하면서 나는 많은 나라를 방문해 전쟁, 기아, 자연재해 등으로 인해 고통받는 사람들을 직접 만났고 그들을 돕기 위한 프로그램을 만들었다. 어느 나라에 얼마의 무상 원조를 하느냐는 위원회가 결정하지만, 그들은 늘 나의 정책 가이드라인을 따라주었다. 이 가이드라인이 바로 평화, 정의, 민주주의, 인권, 그리고 지속 가능한 발전, 즉 열악한 곳의 주민들의 인권을 기반으로 한 개발 프로그램이었다.

이런 활동을 하면서 소위 후진국이라 불리는 나라의 오랜 식민지로 인한 후유증과 그들이 처한 고뇌에 동참할 수 있었다. 우리나라도 민주주의가 갖추어진 지 불과 얼마 되지 않았으며, 정치적인 혼란기와 가난했던 시절이 분명 있었다. 나 역시 한국전쟁과 보릿고개를 경험한 세대이다.

하지만 우리는 그 시절을 까맣게 잊은 채 오로지 눈앞의 이익만

좇으며 살고 있다. 여기에서 벗어나 좀 더 따뜻한 시선으로 주변을 둘러보기를, 누구도 혼자서는 세상을 살아갈 수 없다는 것을 명심했으면 한다. 그리고 타인의 인권을 지켜야만 내 인권도 지켜진다는 것을 기억하길 바란다.

  한 걸음 더 나아가, 이 책을 통해 우리가 살고 있는 동북아시아 관계에 대해서도 다시 생각하는 계기가 되었으면 한다. 현재 우리가 살고 있는 동북아시아는 세계 어느 지역보다 과열된 경쟁과 갈등으로 얼룩져 있다. 동북아시아가 유럽연합처럼, 평화 그리고 공동 번영의 동북아공동체로 거듭났으면 하는 소망이 있다. 이때가 오면 남북한이 평화 정착을 기점으로 이 공동체 탄생에 주도적 역할을 하기를 기원한다.

  항상 그렇듯이 책을 쓴 후에는 아쉬움이 남는다. 하지만 인권에 대한 나의 진정성이 독자 여러분의 마음에 깊이 스며들어, 이 책이 우리나라가 인권 선진국으로 나아가는 데 조금이라도 기여했으면 한다. 북로그컴퍼니의 김정민 대표와 책을 펴내기까지 수고해준 에디터들에게 고마움을 전하고 싶다.

마지막으로 한 가지 언급하고 싶은 것은 미얀마의 민주주의 평화 인권의 지도자인 아웅산 수지Aung San Suu Kyi 여사의 이름에 관한 이야기이다. 우리나라에서는 '아웅산 수치'로 불리고 있지만, '아웅산 수지'가 올바른 이름이다. 여사가 나를 만났을 때 직접 '수치'는 잘못된 이름이며 '수지'가 바른 이름이라고 말해주었다. 더욱 정확히 하기 위해 한국 NLD미얀마 민족민주동맹 지부장 조모아 대표에게 확인했더니, '수지'가 맞는 이름이라고 확인해주었다. 이제부터 발음과 표기 모두 '아웅산 수지' 여사로 해달라는 부탁을 꼭 하고 싶다.

2012년 11월, 남산 자락에 있는 연구실에서

박경서

차례

프롤로그 / 나와 당신이 함께 살아가는 방법 ...5

당신에게도 일어날 수 있는 일

/ 01 / 가슴으로 낳은 딸, 미치코와의 인연 ...15
/ 02 / 바로 내 곁에 있는 것, 인권 ...23
/ 03 / 세계화의 후유증을 앓고 있는 중국 ...29
/ 04 / 비폭력을 통한 평화, 달라이 라마 ...36
/ 05 / 미얀마 민주화의 상징, 아웅산 수지 ...43
/ 06 / 동티모르의 호세 라모스 오르타 전 대통령과의 만남 ...50
/ 07 / 원주민의 눈물로 만들어진 나라, 호주 ...60
/ 08 / 인종차별이 가장 심한 곳, 남아프리카공화국 ...65
/ 09 / 인디오의 희망, 리고베르타 멘추 ...72

상처 입은 나라, **고통받는 사람들**

- / 10 / 역사의 아이러니가 숨겨져 있는 인도아대륙 ...83
- / 11 / 카스트와 다우리의 굴레, 인도 ...90
- / 12 / 자연재해로 시들어가는 방글라데시 ...96
- / 13 / 정치적 혼돈에 빠진 파키스탄 ...100
- / 14 / 전쟁의 상처가 아물지 않은 르완다 ...104
- / 15 / 이데올로기의 허구를 보여준 캄보디아 ...111
- / 16 / 핵실험의 희생양이 된 타히티 ...116
- / 17 / 아시아의 횡포로 고통받는 솔로몬제도 ...121

함께 사는 사회를 위해

/ 18 / 먹구름이 가득한 동북아시아의 미래 ...129
/ 19 / 여성 인권을 위해 노력하는 시린 에바디 ...135
/ 20 / 반드시 풀어야 할 문제, 위안부 ...141
/ 21 / 혹독한 기아의 희생자, 북한 아이들 ...146
/ 22 / 가난과 무관심으로 거리로 내몰린 아이들 ...154
/ 23 / 함께 지켜가야 하는 장애인 인권 ...160

우리의 인권을 찾아서

/ 24 / 인권을 위한 선진국의 노력 ...167
/ 25 / 인권 선진국으로의 첫걸음 ...177
/ 26 / 인권의 실천은 가정에서 ...181

책 속 인물 소개 ...188
세계인권선언 ...198

당신에게도
일어날 수 있는 일

01

가슴으로 낳은 딸, 미치코와의 인연

나와 처妻 오영옥 사이에는 두 아들과 수양딸 하나가 있다. 수양딸의 이름은 미치코이며, 한국 이름은 정광자다. 미치코와 나의 인연은 1987년 1월, 개방된 지 얼마 되지 않아 후유증을 앓고 있던 동토의 땅 중국에서 시작되었다.

1980년대 초 덩샤오핑鄧小平의 개방정책은 중국 교회에도 변화의 바람을 일으켰다. 교회는 몰수당했던 재산을 되찾았고 교회 재건 운동으로 바쁜 나날을 보냈다. 나는 중국 교회 원조를 위해 종종 중국을 방문하곤 했다.

1987년 베이징 제일교회를 방문했을 때였다. 조선족 대표자가 나에게 부탁이 있다며 말을 걸어왔다.

"우리 조선족 교회는 조선말로 예배를 드리는 것이 꿈입니다. 베이징 시내에 밥집을 하나 사주시면 그곳에서 평일에는 국수를 팔고 주일에는 우리끼리 예배를 드리겠습니다. 2만 달러 정도 원조를 받으면 가능할 것 같습니다. 또 조선족은 매년 남녀 두 명을 선발해서 동독에 1년씩 유학을 보내는데, 1만 달러가 필요합니다. 이것도 도와주세요."

당시 WCC 아시아국은 중국에 수백만 달러를 원조할 수 있었기에 조선족 교회를 위해 그 정도 도움은 줄 수 있다고 생각했다. 흔쾌히 승낙하려는 찰라, 맨 뒤에 서 있던 여학생이 나를 향해 조용히 고개를 젓는 것이 아닌가? 여학생의 눈빛은 무척 강렬했다. 그들에게 일단 생각해보겠노라고 대답한 후 자리를 뜨며, 그 여학생에게 살짝 다가가 오후 다섯 시에 나를 찾아오라고 말했다.

그 여학생이 바로 미치코다. 다시 만난 미치코에게 나는 왜 고개를 가로저었는지 물었다.

"저는 원조를 결정하기 전에 먼저 중국의 허가를 받아야 한다고 생각합니다. 왜냐하면 우리는 중국 사람이니까요. 그리고 저는 제 고향 랴오닝성이 캐나다에서 들어온 외화 때문에 사분오열이 된 예를 보았습니다. 돈이 무조건 좋은 것이 아니라고 생각합니다."

미치코의 이야기를 들었을 때 뒤통수를 얻어맞은 기분이었다. 미처 생각하지도 못했던 것까지 말해주니 깜짝 놀랐던 것이다. 어린 나이에 그렇게 성숙한 생각을 가질 수 있다는 것은 지금이나 그때나 흔치 않은 일임에 분명하다. 그 후 난 중국 정부의 허가를 받아 위원회를 구성, 밥집은 마련해주지 않고 유학생 장학금만 그들에게 전달했다.

화해의 상징, 미치코

　경상남도 하동의 몰락한 양반집 아들이었던 미치코의 할아버지는 1930년대에 가족을 이끌고 중국 동부 헤이룽장성으로 이주했다. 미치코의 아버지가 일곱 살 때의 일이다. 그곳에서 성장한 미치코의 아버지는 대학 시절 학생조직에 가입했다는 이유로 중국 서북 지방으로 쫓겨났고, 공안부의 감시하에 가족들과 수십 년을 생이별할 수밖에 없었다.

　우리 민족은 제2차 세계대전 때 강대국들끼리의 싸움으로 여러 방면에서 희생양이 되었다. 식민지 국민이라는 것도 서러운데, 때로는 첩자라는 이름으로 소련, 중국, 일본에서 멸시당하며 살아왔다. 조국이 없는 민족, 그리고 본국을 떠나 제3국에서 살아야 하는 우리 선조들의 아픈 역사를 미치코의 가족도 중국 땅에서 사무치게 겪은 것이다.

　미치코는 1982년 조선족 최초로 중국의 3대 명문대학 중 하나라고 불리는 상하이의 푸단대학 일본어학과에 입학했다. 이곳에서 일본 정부가 주최한 외국 학생 에세이 콩쿠르에서 1등을 하여 일본중의원의 의장상, 즉 우리나라의 국회의장상을 받았다고 한다. 미치코가 그 에세이를 나에게 보여주었다.

피로 쓴 유서

나의 아버지는 내가 태어나기 전 티베트 근방인 칭하이성에 유배되어 그곳에서 사셨다. 어머니는 랴오닝중학교의 화학 교사다. 아버지는 1년에 한 번씩 한 달의 휴가를 얻어 집에 오셨는데, 기차로 14일이 걸렸고 다시 돌아갈 때 또 14일이 걸렸다. 그러기에 집에 계시는 날은 2일밖에 되지 않았다. 나는 그 2일 동안 태어난 우리 집안의 막내다.

짧은 휴가 기간에만 아버지를 만날 수 있었기에 나에게 아버지는 먼 세상에 사시는 분이었다. 만남의 반가움도 잠시, 다음 날이면 안개처럼 사라지던 아버지.

내가 상하이 푸단대학에 입학하자 어머니는 기뻐서 아버지께 편지를 보냈고, 아버지도 나에게 답장을 쓰셨다.

"나의 딸 광자, 네가 자랑스럽다. 이 큰 자랑은 우리 집안의 경사란다. 일본어를 더욱 열심히 공부하여 한국, 일본, 중국이 서로 화해하여 협력하는 날을 건설하기 위해 노력해야 한다."

아버지의 진심이 담긴 부탁의 편지였다. 그러나 난 이 편지를 우편으로 받아볼 수 없었다. 아버지께서 편지를 부치기 전에 쓰러지셨다는 연락을 받았던 것이다.

나는 소식을 듣고 며칠간의 열차 여행 끝에 아버지께 도착했으나 아버지는 이미 유배지에서 쓸쓸하게 세상을 떠나신 뒤였다. 뒤늦게 도착한 나를 기다리던 아버지의 시신과 그 옆에 놓여 있는 편지 한 통! 그 편지는 단순한 편지가 아니라, 피로 쓴 아버지의 유서였다.

에세이를 다 읽고 나는 아무 말도 할 수가 없었다. 가슴이 먹먹해져 어린 미치코를 그저 물끄러미 바라보기만 했다. 미치코는 열일곱 살에 아버지를 잃었다. 아버지와 함께 지낸 시간은 통틀어 2년도 되지 않는다. 이 얼마나 가슴 저미는 슬픔이고 아픔인가! 우리 민족의 한이 그대로 투영되어 있는 미치코의 얼굴을 바라보다가, 나는 미치코의 소원이 무엇인지 물었다. 전공을 살려 일본으로 유학을 가고 싶다는 미치코.

난 어떻게든 미치코가 일본으로 유학을 갈 수 있도록 노력해보겠다고 했다. 그 당시 조선족이 일본으로 유학 가기 위해서는 중국 정부의 허락이 필요할 정도로 규제가 심했으나, 평소 친분이 있던 중국 경무부(중국 정부 내에서 해외 원조를 전담하는 부서)의 부부장이 생각났기에 미치코에게 희망을 주었다.

스위스에 돌아오자마자 경무부의 부부장인 부 선생에게 미치코의 유학을 부탁했다. 부 선생은 일본 대학 초청장을 얻고 내가 보증을 서면 출국을 주선하겠다고 약속했다. 그래서 교토 간사이세미나하우스의 소장 사토시 히라타平田晢 목사에게 도시샤대학 일본어학과 대학원의 초청장을 부탁했다. 미치코의 서류를 전해주며 이 똑똑한 여학생을 한국, 일본, 중국의 화해의 상징으로 삼기 위해서라도 반드시 일본으로 유학을 보내야 한다고 강조했다.

결국 내가 1년 치의 학비를 내고, 히라타 목사가 간사이세미나하우스에 미치코의 일자리를 마련해 체재비를 해결하게 한다는 조건으로 미치코의 유학은 성사되었다. WCC 장학금이 미치코에게 지불될 때까지 나와 히라타 목사는 미치코의 모든 경비를 절반씩 부담했다.

미치코를 보며 동북아시아의 미래에 희망을 걸다

미치코는 1988년 3월 26일 교토의 도시샤대학 대학원에 등록했다. 이는 뜻있는 많은 사람이 힘을 합쳤기에 성사된 일이었다. 지금으로부터 약 24년 전의 중국 상황을 생각하면 아주 어려운 일을 해낸 셈이다. 1989년에 천안문 사건이 터졌으니, 그 사건 1년 전에 무사히 중국을 떠날 수 있었던 것은 지금 생각해도 미치코의 행운이었다.

미치코는 도시샤대학원을 우수한 성적으로 졸업하고 일본의 유수 기업인 파나소닉에 취업한 후 결혼했다. 현재는 대학에서 한국어 강사로 활동하면서 일본 오사카 검찰청의 공식 통역사로 근무하고 있다. 그리고 '한국계 중국인 소녀의 여로旅路', '나의 이야기' 등 틈틈이 자신의 이야기를 집필 중이라고 한다. 모든 장애를 이겨내고 지금은 40대 주부로서 성실하게 살아가는 미치코를 생각할 때마다 한없이 흐뭇한 걸 보면 미치코는 가슴으로 낳은 내 딸임에 틀림이 없다.

나는 미치코를 통해 미래의 한국, 일본, 중국의 가능성을 보고 있다. 3국의 화해와 협력의 가능성을 보았기에 동북아시아의 평화도 먼 미래는 아니라고 생각한다. 미치코와의 인연은 내가 행한 많은 일 중에 가장 보람 있고 뿌듯한 인연이라고 생각한다.

이제 인권에 대해 이야기할 때

얼마 전 미치코를 만나기 위해 교토와 오사카 사이에 있는 일본 전통 마을 스이타에 다녀왔다. 이 여행에서 나는 미치코와 많은 대화를 나누었다. 미치코는 나에게 항상 감사한 마음을 품고 있으며 자신이 받은 것을 어떻게 세상에 돌려줄까 고민하고 있었다.

그래서 난 이제 미치코의 목소리를 통해, 인권에 대한 이야기를 하려고 한다. 분명 미치코가 받은 것은 물질적인 것이 아닌 정신적인 것이었으리라. 미치코가 맑고 깨끗한 정신을 유지할 수 있었던 것은 항상 사람의 존엄을 중시하는 각국의 많은 분이 함께했기 때문이다. 그렇기에 미치코가 세상에 돌려줘야 하는 것은 그분들께 받은 올곧은 마음이라 생각한다.

내가 걸어온 길, 그리고 미치코가 걸어온 길은 분명 순탄하지 않았다. 하지만 이 길을 통해 우린 많은 것을 가슴에 품을 수 있게 되었다. 이제 나와 미치코의 대화를 통해 세상에 고통받는 사람들이 얼마나 많은지, 그리고 진정한 인권이란 무엇이며 어떻게 실천해야 하는지 함께 고민했으면 한다.

/
02
/

바로 내 곁에 있는 것,
인권

아버지를 만난 그 순간부터 저의 인생은 다시 시작됐습니다. 아버지가 저에게 베풀어주신 모든 것에 감사하지만 한편으로는 전혀 모르는 남에게 이렇게까지 호의를 베풀어주실 수 있을까 싶어요.

난 그 당시 인도적인 원조를 하면서 세계 각국의 많은 나라를 찾아가보았단다. 가난, 굶주림, 전쟁 등 많은 이유로 미래조차 꿈꿀 수 없는 이들이 많았지. 그들을 다 도와줄 수는 없지만 가능한 한 내가 할 수 있는 일은 해야 한다고 다짐했단다.

특히 너는 우리나라의 아픈 과거를 고스란히 물려받고 있어서 마음이 아팠어. 물론 너를 도와주기로 결정했을 때 솔직히 막막하기도 했어. 혼자서 하기엔 한계가 있으니까. 일본의 히라타 목사를 포함하여 중국 경무부의 부부장인 부 선생 등 많은 분의 도움이 없었다면 지금의 너는 결코 없었을 거야. 같은 민족이 아님에도 불구하고 그분들은 너를 위해 최선을 다해주셨지. 나를 포함해서 너를 도와준 많은 분은 항상 인권을 최우선으로 생각했기 때문에 실행에 옮길 수 있었던 거야.

지금은 한국, 일본, 중국의 사이가 그다지 좋지 못하지만 너를 볼 때마다 아직 희망은 있구나라고 생각한단다.

그 인권이라는 것이 무엇인지 잘 모르거나 자신과는 상관없다고 생각하는 사람들도 많은 것 같아요.

사실 인권이라는 것을 명확히 정의 내리기는 어려워. 인권은 '인간이 가지는 가장 기본적인 권리'라고 말을 하지만 그 '권리'에 무궁무진한 잠재력이 포함되어 있기 때문이야.

그래서 법규라든지 법조문으로 규정하여 '이것'이라고 정의하기엔 부족함이 많아. 유엔마저도 인권에 대한 정의를 내리지 않고 원칙만 내놓고 있지. 인권을 특정한 단어로 규정해버리면 그 잠재력을 제한할 수도 있기 때문이란다. 하지만 누구나 동등한 권리를 누려야 한다는 것이 인권의 기본이라는 것만은 알아두도록 해. 상대방의 인권이 지켜질 때 비로소 자신의 인권도 지켜지는 법임을 반드시 명심해야 한단다.

'인권'이라고 말할 때는 뭔가 거창하게 들렸는데, '인간이 가지는 가장 기본적인 권리'라고 말하니 인권이 멀리 있는 게 아니라는 생각이 들어요.

인권은 절대 멀리 있는 것이 아니야. 가까운 예로 공중도덕을 지키는 것도 하나의 인권 활동이라고 볼 수 있어. 내가 지키지 않음으로써 다른 사람이 피해를 받고, 다른 사람이 지키지 않음으로써 내가 피해를 받을 수 있는 것이니까. 사소해 보이지만 공중도덕을 지키는 것이 인권 활동의 첫걸음이란다. 공중도덕은 함께 살아가기 위해 사회에서 만들어놓은 가장 기본이 되는 인권이라고 볼 수 있어. 그리고 조금 멀리 눈을 돌려보면 아직도 많은 나라에서 인권이 지켜지지 못해 신음하고 있는 것을 알 수 있지.

아버지는 인권 유린이 당연하게 일어나고 있는 많은 나라를 방문하셔서 인권이 얼마나 소중한지 직접 체험하셨지만, 저희들은 이런 반인권적인 일이 저희와 무관한 곳에서 일어난다고 생각하는 것 같아요.

WCC 아시아국 국장으로 일하면서 많은 나라를 방문하고 원조를 했단다. 원조를 받은 나라에는 가난과 굶주림 등으로 최소한의 생활도 보장 받기 힘든 사람들이 많았지. 내전으로 피 흘리는 사람들, 굶주림으로 병들어가는 사람들, 독재정치로 고통받는 사람들……. 이는 직접 가보지 않더라도 뉴스나 신문, 인터넷 등을 통해서도 얼마든지 접할 수 있지만 많은 사람이 '나와는 상관없는 일'로 생각하는 경우가 많아. 아마 자신이 직접 경험한 일이 아니기 때문일 거야. 하지만 우리나라 역사를 살펴봐도 전쟁, 굶주림 등의 아픔에서 벗어난 지 사실 얼마 되지 않았잖니? 나 역시 그 역사의 한가운데 있었고.

예전에 아버지께서 말씀하신 적이 있어요. 여수·순천 사건과 한국전쟁을 직접 경험하셨다고.

그래. 난 우리 민족의 비극이라고 할 수 있는 역사의 현장에 있었어. 그중 '여수·순천 사건'을 초등학교 4학년 때 겪었단다.

너도 알다시피 난 1939년 순천에서 태어났어. 어느 날 아침 식구들이 둘러앉아 아침밥을 먹고 있는데, 느닷없이 귀청을 뚫어버릴 것 같은 굉음이 울렸지. 난생처음 듣는 소리, 바로 총소리였어. 이 총소리가 '여수·순천 사건'의 시발이었단다. 여수에 주둔한 14연대가 반란을 일으킨 뒤 순천을 급습해 순천 경찰들과 맞총질을 하면서 수많은 주민들까지 살해한 사건이라는 것을 나는 한참 후에야 알게 되었어.

무려 5만여 명의 순천 시민이 죽었지. 그 맑던 순천의 강이 붉은 핏물이 되어 흐르던 광경이 아직도 나의 뇌리에 선명하게 남아 있단다. 집 앞 아스팔트 위에 모든 순천 시민이 나와 무릎을 꿇은 자세로 공포에 떨며 몇 날 며칠을 대기하고 있던 끔찍한 기억도 여전히 또렷해. 왜 같은 나라 경찰과 군인이 서로에게 총을 겨누고 무고한 시민들까지 죽이는지, 왜 우리는 이유도 모르는 채 겁에 질려 길가에 무릎을 꿇고 있어야 했는지, 어린 나는 도저히 이해할 수가 없었어. 아니, 그것은 그 누구도 우리에게 설명해줄 수 없는 일이었어. 그저 살기 위해

하라는 대로 할 뿐이었단다.

이야기를 듣는 것만으로도 그때의 끔찍함이 그대로 전해지는 것 같아요. 한국전쟁에 대한 이야기도 해주세요.

여수·순천 사건이 일어난 지 2년 뒤인 1950년에 일어난 한국전쟁 역시 나에게 씻을 수 없는 상처를 남겼어. 전쟁이 터졌다는 소식을 듣고 아버지는 나와 남동생, 그리고 넷째누나를 외가로 피난 보냈단다. 인민군들이 지나가면서 누나를 희롱하려고 하면 우리가 누나를 둘러싸서 접근을 막기도 하고, 하늘에서 폭격이 비처럼 쏟아질 때면 안간힘을 다해 개울로 뛰어들기도 하면서 걷고 또 걸었어.

겨우 도착한 외할머니 댁에서 하룻밤을 보냈는데, 다음 날 아침 마을에도 인민군이 들이닥친 거야. 사촌형과 우리 남매가 쫓기듯이 마을을 벗어나고 있을 때 갑자기 마을 쪽에서 비명소리가 났어. 뒤돌아보니 외할머니, 외삼촌 내외 그리고 사랑하는 세 명의 조카가 인민군이 파놓은 웅덩이 속에 던져지고 있었어. 조금 전까지도 같이 있던 친척들이 단 몇 분 차이로 죽음에 처해지는 걸 눈으로 지켜보면서, 머리칼이 쭈뼛 서는 공포와 말로 표현하지 못할 슬픔에 사무쳤지만 우리는 그저 앞만 보고 도망칠 수밖에 없었단다.

사랑하는 나의 가족이 왜 하루아침에 희생당해야 했는지 나는 아직도 알지 못한단다. 다만 어린 나이에 겪은 여수·순천 사건과 한국전쟁의 끔찍한 기억이 나로 하여금 폭력에 반대하는, 비폭력을 지향하는 길로 이끈 것만은 틀림없는 사실이야. "사람의 피는 이제 그만! 총소리는 이제 끝!" 그리고 서로 질시하고 싸우는 폭력에는 "안 돼!"라고 단호하게 말하는 오늘의 나는 바로 그 사건 이후 만들어진 것일 게야.

그 일이 아버지에게 얼마나 큰 영향을 미쳤는지 알 것 같아요.

그래, 어린 시절의 기억 중에서 충격적으로 뇌에 각인된 것은 훗날 한 사람의 사고에 상당한 영향을 준다는 사회심리학 이론도 있지. 여수·순천 사건과 한국전쟁의 기억은 분명 나의 사고와 철학에 깊은 영향을 주었단다. 내가 추구하고 있는 평화, 인간의 존엄, 정의, 그리고 인권의 처음 뿌리는 결국 어릴 적 겪었던 끔찍한 악몽들이 축적되고 승화되어 나타난 것이라고 볼 수 있어.

WCC 아시아국 국장으로 있으면서, 인권 유린이 빈번히 일어나는 많은 나라를 방문했어. 어렸을 때의 경험을 가슴에 품고 다른 나라 인권 현장을 돌아보며 인권 유린은 누구에게나 일어날 수 있는 일이라고 뼈저리게 느꼈단다. 나도 경험을 했고, 너도 겪을 수 있는 일이야.

03

세계화의 후유증을 앓고 있는
중국

아버지와 제가 처음 만난 중국에도 인권이 제대로 지켜지지 않는 곳이 많았어요.

그래. 너에게도 많은 도움을 준 중국 경무부의 부 선생이, 중국에서 가장 낙후된 마을 우이현을 개발하기 위한 원조를 부탁한 적이 있단다. 그래서 현재 북한 전문 웹사이트로 유명한 〈CANKOR〉의 편집인이며 발행인이자 당시 WCC 국제국에서 일하던 캐나다 친구 에릭 Erich Weingartner과 함께 1983년에 중국을 방문했었지. 에릭은 아직까지도 한반도의 평화와 통일을 위해 일하고 있어.

나와 에릭을 맞이한 중국의 환대는 대단했어. 내가 경험한 바로는 소련, 동독, 불가리아, 북한, 중국 등 모든 사회주의 국가는 서방에서 온 손님을 위해 화려한 만찬을 준비하며 기본 세 종류의 술잔을 나란히 늘어놓고 독한 술로 환대했단다. 우이현 현장이 주최한 그날의 만찬도 예외는 아니었어. 몇 시간 뒤에 취기가 오른 우리는 화장실로 가기 위해 움직였는데, 화장실을 보자마자 술기운이 다 달아나버렸지. 족히 40개쯤 되는 변기가 칸막이 없이 늘어서 있었고, 사람들이 집단으로 함께 볼일을 보고 있었거든.

그 모습을 보니 마오쩌둥毛澤東이 공산 혁명 과정에서 화장실 집단제도를 실시했다는 얘기를 들은 기억이 났지. 화장실을 혼자 사용하면 잡념이 생겨 공산주의 혁명에 장애가 된다는 이유로 집단 이용을 권장했다고 해. 어쨌거나 음식량도 정해져 있고 화장실도 같은 시간에 집단으로 사용한다는 혁명 수련을 중국 우이현에서 몸소 체험했던 셈이야. 물론 오래전의 얘기이고 지금은 많이 달라졌지만 말이다.

그 당시 우이현은 어떤 곳이었나요?

우이현으로 가면서 난 재미있는 경험을 했어. 우리 일행을 안내하는 군인 지프차가 아무리 경적을 울려도 행인들이 길을 내주지 않았던 거야. 소달구지나 자전거를 타고 가는 사람들이 길을 비켜줄 생각은 않고 차를 구경하기 바빴지. 차량에 누가 타고 있는지를 확인하고서야 겨우 비켜주었어.

그때만 해도 중국에 자동차가 흔하지 않던 때라 비킬 생각보다 자동차를 구경하는 데 열중하는 소박하고 순수한 중국 촌락민의 모습에서 나는 친근감을 느낄 수 있었어. 호위 차량에 타고 있던 군인도 화 한 번 내지 않고 아주 느긋하게 그들이 비키기를 기다렸단다. 많은 학자가 중국 공산주의 혁명은 시골 봉건주의를 그대로 살리면서 추진되었기에 성공할 수 있었다는 이론을 나는 여기에서 실감했지. 그리고 중국인이라고 해도, 공산주의라고 해도 결코 우리와 다르지 않다는 것을 다시 확인할 수 있었어.

국적이나 이념이 달라도 모두 같은 사람인 건 분명해요. 직접 가보지는 못했지만 우이현은 중국에서도 아주 낙후된 곳에 속하는 것으로 알고 있어요.

여섯 시간을 달린 끝에 도착해서 눈으로 확인한 우이현은 너무 가난했단다. 우선 마실 물이 없어서 빗물을 받아서 식수로 사용하고 있었지. 마실 물이 없으니 당연히 씻을 물도 없어서 여름 장마철이나 되어야 목욕을 한다고 했어. 한 가정을 방문하니 황토 흙으로 만든 단 위에 돗자리를 펴 침대로 쓰고 있었고, 역시 황토를 쌓아 단을 만들어 부엌으로 쓰고 있었어.

우이현에서 가장 시급한 것이 깨끗한 식수라고 생각한 UNDP유엔개발계획 베이징사무소 소장 쿨레사Kulessa 박사와 나는 우선 지하수 개발에 합의했어. UNDP가 여섯 개, WCC가 네 개의 우물을 책임지기로 하고 우물 하나에 5만 달러씩 계산해 경무부에 송금하기로 했단다. 계획은 일사천리로 진행되어 약 10개월 후에 우물이 마련되었고, 현민들은 충분한 물을 공급받아 모두가 기뻐하며 환호를 질렀지.

이 프로젝트를 수행하면서 나는 중국인이 무척 부지런하고 서로 돕는 공동체 정신이 뛰어나다는 걸 느꼈단다.

얼마 전에도 우이현에 다녀오셨지요?

그래. 약 30년 만의 방문이라 감회가 남달랐단다. 그 사이 우이현은 많은 것이 변했더구나. 예전에는 베이징에서 차를 타고 여섯 시간 정도 걸렸는데, 이제는 고속도로가 들어서서 네 시간이면 도착할 수 있더구나. 고속도로에 줄을 잇고 달리는 트럭들은 중국의 경제력을 보는 듯해서 감개무량했어.

처음 우이현을 방문한 뒤 현재까지 최소 50번 이상 중국에 가봤단다. 그런데 이 많은 방문이 전부 도시에 한정되어 있어서 중국의 전체를 보는 데, 특히 농촌의 삶을 경험하는 데 아주 제한적이었어. 베이징, 상하이 등 대도시에는 고층빌딩이 계속 세워지고, 잘 닦인 도로에는 자동차가 넘쳐나고, 연일 보도되는 기사에는 이제 중국이 제2의 경제대국이라고까지 나오고 있지. 하지만 이번에 우이현을 다녀온 후 이런 기사를 다시 보니 우리는 중국의 단면만 보고 있구나 하는 생각이 들었단다.

중국의 단면이라니요?

최근 CSIS 미국 국제전략연구소의 통계에 의하면 중국은 지난 10년간 국방비 지출을 네 배나 늘렸다고 해. 2000년에는 225억 달러였던 국방비가 2011년에는 899억 달러에 달한다고 보고했어. 그리고 IHS영국 군사정보분석기구의 발표에 따르면 중국 국방비는 2011년에 1198억 달러, 2015년에는 2382억 달러에 달할 것이며 이는 남한과 북한, 일본, 대만, 인도의 총 국방비보다 더 많다고 했어.

중국의 거침없는 국방비 지출은 주위 나라에게 부정적인 파급효과를 부추겨 주변국의 국방비 증가를 유도하는 역효과를 줬고, 중국이 세계에서 유일하게 군비 경쟁을 부추기는 지역이라는 오명을 쓰게 했단다. 결과적으로 우리가 그리는 동북아 평화공동체 건설에 역행하는 행동이지.

그리고 이 막대한 국방비 지출은 이번에 내가 머무른 우이현의 선량한 농민의 삶과는 거의 무관하다는 생각이 들었단다. 세계 제일의 외화량을 자랑하는 중국 중앙정부의 금고는 중국 인구의 80퍼센트를 차지하고 있는 농촌 인구의 삶의 질과는 상당히 동떨어진 얘기처럼 들렸던 거야.

그런데 30년 전 우이현에 원조를 했다고 말씀하셨잖아요. 지금은 상황이 많이 좋아지지 않았나요?

나도 그렇다고 생각했었지. 그런데 직접 가보니 상황이 조금 달랐어. 그 당시 첫 번째 우물을 판 마을의 촌장을 만났단다. 그는 나를 보자마자 손을 꼭 잡으며 감사의 마음을 표했지. 국경을 초월한 진정한 마음을 느낄 수 있었어.

그의 집으로 안내를 받았는데, 그 당시 진흙으로 만든 집들이 벽돌로 바뀐 것을 보고 안도감을 느꼈단다. 하지만 그것도 잠시, 집 안의 풍경은 25년 전과 별다를 게 없었어. 마을 주민들 얼굴은 너무 타고 말라서 안타까웠지. 촌장은 나에게 우물을 또 파달라고 부탁을 했어.

예전에 우물을 팠다고 하셨는데 그 우물은 다 어떻게 되었나요?

지형의 특성으로 지하의 흙이 지하수에 매몰되어, 당시 50미터의 깊이로 우물을 팠다면 요즘은 150미터 깊이로 다시 파야 된다는 거야. 그래서 나는 150미터가 10년 후에는 300미터가 될 테니, 이는 영구적 해결책이 아니라고 말했지. 그리고 중앙정부가 나서서 해결하지 않으면 안 된다고 하니 그 일은 기대할 수 없다고 말하는 거야. 어쩔 수 없이 나는 한국에 돌아가서 모금을 해보겠다고 말하고 돌아섰지. 다행히 한국의 인천대교를 건설한 회사의 '나눔과평화재단'에서 우물 두 개를 팔 수 있게 도와주겠다고 약속했어.

말씀하셨듯이 중국의 도시에는 수많은 건물이 세워지고 도로는 말끔하게 닦이고 있는데, 실제로 혜택을 받아야 할 중국 농민들의 삶은 여전히 척박하니 저도 마음이 아파요.

20세기 말에 '세계화Globalization'라는 말이 나오면서 많은 나라는 장밋빛 그림을 그렸지. 하지만 이 세계화의 가장 큰 후유증이 바로 '양극화Polarization'의 문제야. 이는 중국뿐만 아니라 세계 많은 나라의 문제이기도 해. 소수의 국가들, 소수의 사람들이 부를 독점하고 있으니 다수의 사람들은 이 혜택에서 점점 멀어지고 있는 거지. 우리나라도 마찬가지고.

/
04
/

비폭력을 통한 평화,
달라이 라마

중국 이야기를 하다보니 자연스럽게 티베트가 떠올라요. 티베트의 독립을 막고 있는 중국의 모습 역시 화려한 중국의 겉모습 뒤에 숨겨진 일면이라고 볼 수 있겠지요?

그래, 맞아. 얼마 전에 티베트의 승려들이 독립을 위해 분신자살을 했다는 기사가 또 나왔더구나.

티베트는 중국 남서부 끝에 위치한 나라로 현재 중국의 통치를 받고 있어. 1959년 3월 티베트에서 대규모의 민족운동이 일어났고, 같은 해 4월 29일 14대 달라이 라마 Dalai Lama, 자세한 인물 소개 188쪽 가 조국을 떠나 인도 북부에 티베트 망명정부를 설립했단다.

1980년대 이후 티베트인들은 독립을 위해 여러 차례 대규모 데모를 일으켰지. 이 과정에서 많은 희생자가 나왔단다. 특히 2008년 3월 10일 티베트 승려 600여 명이 주축이 된 티베트 독립운동 시위대가 중국 경찰과 충돌하면서 유혈사태로 번지게 되었고, 중국 정부의 무력진압으로 사태가 격화되기도 했어.

맞아요. 당시 세계 각국에서 중국에 대한 항의의 의미로 베이징올림픽 성화 릴레이를 멈추기도 했죠. 참, 예전에 달라이 라마를 만난 적이 있다고 말씀하시지 않았나요?

1959년 달라이 라마가 조국 티베트를 뒤로하고 망명을 떠나던 사진이 당시의 일간지에 실렸었지. 그때 나는 대학생이었는데, 중국은 한창 공산당 혁명이 진행되던 때였고 철저하게 장막이 드리워져 있어 본토에서 무슨 일이 벌어지고 있는지 알 수 없는 시절이었어. 그럼에도 이 망명 소식은 외부로 흘러나왔으니 얼마나 사태가 심각했는지 말로 설명하지 않아도 알 수 있었지. 그 뒤 신문과 텔레비전에서 보기만 했던 달라이 라마를 1998년 10월에 직접 만났단다.

그날 나는 독일 오스나브뤼크시의 시청 광장 앞에 마련된 무대 위에서 달라이 라마와 나란히 앉아 웨스트팔리아 조약독일 30년 전쟁을 종결시킨 조약 350주년 기념식에 참석했어. 광장에는 약 1000명 이상의 시민들이 운집해 있었지. 이 많은 관중은 달라이 라마의 연설을 들으러 온 것이었어.

그 자리에 내가 함께할 수 있었던 것은 뜻밖의 행운이자 영광이었지. 오스나브뤼크 시장이 내게 보낸 초청장에는 '종교의 자유가 인류의 역사에서 처음으로 실시된 웨스트팔리아 조약 350주년 기념식에 세계평화에 이바지한 세 분을 초청하고 싶다.'라고 적혀 있었어. 그 세 사람이 바로 1989년 노벨평화상 수상자이자 티베트의 정신적 지도자인 달라이 라마, 1991년 노벨평화상 수상자인 미얀마의 아웅산 수지 여사, 그리고 나 WCC의 박경서였어.

자세한 인물 소개 188쪽

달라이 라마는 어떤 내용을 연설했나요?

그날 달라이 라마는 기도의 힘, 묵상의 경지 그리고 폭력의 잔인성에 대해 얘기했고 이에 관중들은 열광했어. 광장에는 중국 측에 찬성하면서 티베트의 자율권을 반대한다는 피켓을 든 시위자들도 있었는데, 달라이 라마의 연설에 청중들이 뜨겁게 환호하자 시위자들이 하나둘씩 슬그머니 사라지는 모습도 단상 위에서 확인할 수 있었지.

달라이 라마와 따로 만나시지는 않았나요?

기념식이 열리기 하루 전날, 시에서 마련해준 호텔의 회의실에서 초청자들을 위한 리셉션이 있었어. 아웅산 수지 여사는 가택연금 중이어서 그 자리에 참석하지 못했고 망명정부 수반인 세인 윈Sein Win 박사가 그녀의 편지를 가지고 대신 참석했지.

달라이 라마와는 그 자리에서 처음 인사를 나누게 되었는데, "WCC와 박경서 선생님이 우리 티베트 망명정부와 난민들에게 많은 도움을 준 것에 감사드립니다. 기독교 국제기구가 불교 국가인 우리들을 돕는 점이 정말 훌륭합니다."라며 환하게 웃는 모습이 아주 빛나 보였어. 나보다 네 살 위인데도 도를 닦고 수도를 많이 한 성인답게 퍽 젊어 보였단다.

달라이 라마는 어려움을 무릅쓰고 티베트를 빠져나오는 자국의 난민들에 대해 이야기했고, 특히 젊은 여성들이 인도의 국경을 넘기 전에 중국 공안원에게 붙잡히면 갖은 모욕과 심지어 강간을 당하기도 한다는 얘기를 하며 슬픔과 근심이 가득한 얼굴로 나를 응시했어.

어떤 경우에건 폭력과 전쟁은 반대한다는 말, 대화는 힘이 없는 것 같지만 대화처럼 힘 있는 무기는 없다는 얘기, 티베트 독립의 전 단계로 자치권을 생각한다는 그의 말은 아주 현실적이고 설득력 있었어. 그리고 평화적인 수단으로 이 목표를 달성하겠다는 다짐도 힘차게 전달했지.

그날 저녁, 우리는 약 세 시간에 걸쳐 실로 많은 얘기를 나누었단다. 각기 다른 나라, 다른 환경에 처해 있었지만 평화, 정의, 비폭력에 대해서는 모두 한목소리를 냈어. 티베트 망명정부가 있는 인도의 다람살라에 정식으로 초청하니 꼭 와달라는 달라이 라마의 인사를 끝으로 그날의 만남은 아쉽게 끝났단다.

그래서 그곳에는 가보셨어요?

달라이 라마를 만나고 1년 뒤인 1999년, 뉴델리에 출장을 가게 되었어. 이듬해에는 임기를 마치고 귀국할 예정이었기 때문에 나는 무리를 해서라도 이번엔 꼭 티베트 망명정부가 있는 다람살라를 방문해야겠다고 마음먹었지.

짬을 내 뉴델리에서 다람살라까지 자동차로 가보게 되었는데, 열악한 도로 사정 때문에 자동차가 두 번이나 펑크가 났고, 그걸 수리하고 또 수리하며 가느라 자정이 되어서야 겨우 도착했던 기억이 나는구나. 미리 계획하거나 알리고 방문한 것이 아니어서 달라이 라마를 만나지는 못했지만, 모두에게 아주 극진한 환영을 받았지.

눈부신 태양이 빛나는 히말라야 기슭에서 나는 많은 티베트 난민을 만났단다. 모두가 선량한 사람들이었고, 또한 가슴에 깊은 한을 간직한 사람들이었어. 난민 공동체임에도 규율을 잘 지키면서 함께 살아가는 모습이 퍽 인상적이었지. 나는 티베트인들의 전통 불교예배에 참여해, 하루빨리 그들 민족이 자치권을 찾을 수 있기를 기원했어.

달라이 라마는 한국을 방문한 적이 없죠? 몇 번 시도는 했는데 무산됐다고 들었어요.

나는 2001년 2월 1일부로 한국의 첫 인권대사 임명을 받고 달라이 라마의 한국 방문을 추진하는 사람들 중 하나가 되었단다. 오스나브뤼크에서 만난 달라이 라마의 비서와도 여러 차례 이메일을 주고받았어. 불교계에서는 달라이 라마의 방한을 꼭 성사시켜달라며 대표자들을 보내와 그들과도 여러 번 만났지.

2002년으로 기억해. 한국 불교 조계종의 큰 행사에 달라이 라마를 강연자로 초청하는 프로그램을 청와대·외교부와 함께 기획했어. 그리고 김대중 대통령이 있으니 성사될 거라는 마음이 있었지. 그러나 이러한 숭고한 노력에도 불구하고 경제계에서 방문 보류를 요청하는 바람에 그의 한국 방문은 성사되지 못했단다. 중국의 압력으로부터 자유로울 수 없었던 거지. 미국, 독일, 영국, 일본에 비해서 우리의 현실은 너무나 뒤처져 있었던 거야.

미국, 독일, 영국, 일본에 비해서 우리의 현실이 뒤처져 있다는 말씀은 어떤 의미인가요?

그동안 달라이 라마는 미국, 독일, 영국, 일본을 방문했어. 하지만 우리나라 방문은 성사되지 못했단다. 가장 큰 이유는 중국의 입김 때문이었을 거야. 당시 우리나라는 특히 중국의 입김 앞에 너무 약한 나라였어. 하지만 역사에서 1보 후퇴는 2보 전진을 약속한다고 했듯, 나는 여전히 달라이 라마의 한국 방문이 성사되리라는 믿음을 갖고 있단다.

평화는 늘 정의와 같이 있어야 한다는 것을 기억하거라. 정의 없는 평화는 강자의 논리에만 적용되고, 이 강자들에게 지배당하는 약자의 평화는 강자의 평화 때문에 짓밟힌단다. 그래서 내가 평화, 정의, 대화는 같이 어울리는 한 바구니 속의 병아리들이라고 얘기하는 거란다. 달라이 라마는 비폭력을 통한 평화를 강조하고 기도 속에서 상대방과 화해하는 구도자의 자세를 간직해야 한다고 했어. 남을 짓밟고서라도 이겨야 된다는 21세기의 잘못된 경쟁 풍조를 바꿔가면서 인류가 가야 할 방향을 늘 제시하기에 사람들이 성현 달라이 라마를 존경하는 거란다.

/ 05 /

미얀마 민주화의 상징, 아웅산 수지

달라이 라마와 함께 독일에 초청을 받았을 때 아웅산 수지 여사도 함께했다면 정말 역사적인 한 장면이 됐을 것 같아요.

그렇지. 하지만 그때 수지 여사는 가택연금 중이었으니까 어쩔 도리가 없었어. 아웅산 수지 여사는 노벨평화상 수상자이자 비폭력 평화 운동가, 미얀마 민주화의 상징이라고 볼 수 있지. 최근 아웅산 수지 여사가 국회의원으로서 처음 의회에 출석하는 모습을 봤는데 그렇게 가슴이 뭉클할 수가 없더구나.

근 20년간의 긴 가택연금을 거쳤고 테러의 위협을 당하기도 했으며, 임종도 못 보고 남편을 하늘나라로 떠나보낸 아내로서의 슬픔과 18년 동안 두 아들을 만나지 못한 어머니의 아픔을 딛고 일어서느라 어언 68세의 할머니가 되어 있었지만, 내가 만났을 때 느꼈던 부드러운 카리스마와 고고한 아름다움은 여전했어.

아웅산 수지 여사는 언제 만나셨어요?

수지 여사를 만나기 위해 가택연금 시절 두 번 그녀의 집을 방문했단다. 첫 방문은 1995년 11월이었고, 두 번째 방문은 딱 1년 후인 1996년 11월이었어.

두 번째 방문 때는 집 앞에서 군인들이 강하게 저지하는 바람에 만남이 성사되지 않았지. 미얀마 정부는 나의 방문을 사전에 허가했음에도 갑자기 태도를 바꾸어 그 단단한 문을 열어주지 않았어. 때문에 수지 여사가 호텔로 전화를 걸어 내게 유감을 표시하는 것으로 만남을 대신할 수밖에 없었단다.

첫 번째 방문 때도 반대가 있었을 것 같아요.

우여곡절이 많았단다. 약 6년간 미얀마 군부와 승강이한 끝에 겨우 허락을 얻어냈어. 그것도 정치적인 문제는 얘기하지 않는다는 조건이 붙었지. 당시 미얀마는 거듭된 쿠데타와 군사독재, 이에 저항하는 국민들의 민주화시위, 무력진압과 신군부의 쿠데타 등으로 혼란스러운 상태였어. 게다가 여전히 군부가 통치권을 틀어쥔 채 '국민들의 지도자'로 떠오른 수지 여사에게는 외부 접촉을 일체 허락하지 않고 있었어. 우리는 미얀마 군부의 조건을 들어보고 원조를 주겠다는 등 회유도 하면서 수지 여사를 만나기 위해 노력했단다. 결국 미얀마 NCC기독교교회협의회 목사이자 수지 여사의 최측근인 데이비드David 목사를 통해 겨우 만남을 성사시킬 수 있었어.

그렇게 오랜 준비 끝에 드디어 미얀마 양곤에 있는 그녀의 집 정원으로 들어설 수 있었지. 그런데 대문 안으로 발을 내딛자마자 보안부대의 군인들이 나를 세워놓고 20~30장의 증명사진을 찍어댔어. 얼굴은 물론이고 옆모습과 뒷모습까지 수십 장을 찍었지. 문득 1979년 '크리스천아카데미 사건'에 연루되어 중앙정보부 남산 지하실에 끌려갔을 때가 생각났단다. 그때도 내 의지와 상관없이 10여 장의 증명사진을 찍어야 했는데, 미얀마는 그 시절의 중앙정보부보다 심하다는 생각이 들었어.

아웅산 수지 여사의 첫인상은 어땠나요?

수지 여사는 당시 40대 후반의 고고한 여성이었고, 가냘픈 몸매에서 나오는 카리스마는 가히 압권이었어. 그동안 전 세계의 많은 대통령과 총리, 수상 등을 만나봤지만 수지 여사처럼 그렇게 가냘프면서도 강렬한 카리스마를 뿜어내는 이를 본 적이 없었단다.

우리는 긴 시간 대화를 나누었어. 수지 여사는 나에게 "WCC는 제게도 참 인상 깊은 곳입니다. 왜냐하면 WCC가 추구하는 초교파 운동에큐매니컬 운동이라고도 하며, 교파와 교회의 차이를 초월하여 모든 기독교교회를 통일시키고자 하는 운동을 저 역시 어렸을 때부터 실천했기 때문입니다. 제 아버지는 제가 두 살 때 정적의 총에 암살당하셨지만, 그분이 갖고 있는 불교도의 피와 어머니가 갖고 있는 독실한 기독교의 피가 제 몸에 동시에 흐르고 있습니다. 저는 에큐매니컬 운동이 기독교의 울타리를 뛰어넘어 모든 종교를 아우르는 것으로 이해하고 실천하고 있습니다." 라고 말했지.

이런 수지 여사의 메시지는 나에게 굉장히 신선한 충격을 주었어. 생각해보면 우리나라의 민주화 운동도 기독교, 가톨릭, 불교 등 종교를 초월하여 모두가 뜻을 함께했기에 이루어낼 수 있었던 거야. 그것이 우리의 큰 자산인데, 우리는 그것을 너무 간과하고 살았던 건 아닐까 다시 생각하게 되었거든.

과연 수지 여사네요.

수지 여사는 또 내게 한국과 일본, 싱가포르가 가지고 있는 양면성에 대해서도 이야기했단다. 이 나라들이 앞에서는 미얀마의 민주화 운동을 찬양하면서 뒤로는 재벌 기업들을 앞세워 군부와 밀착해 미얀마의 부를 착취해가고 있으니 이것을 막아달라는 얘기였어. 당시 미얀마의 독재정권과 인권탄압을 규탄하기 위해 미국과 유럽연합은 경제제재를 가하고 있었지만, 중국을 비롯한 아시아 국가들은 경제협력을 유지함으로써 군사독재정권에 힘을 보태고 있었던 거야. 참으로 부끄러운 일이 아닐 수 없지.

그리고 수지 여사는 함께 민주화 운동을 하다 미얀마에서 쫓겨난

NLD 그룹의 학생들 중 21명이 한국에 있으니, 나중에 귀국하면 그들을 부탁한다는 말도 덧붙였단다.

나는 수지 여사의 모든 말에 고개를 끄덕이며 WCC에서 특히 어떤 부분을 원조하는 게 좋겠는지를 물었지. 하지만 그녀는 어떤 원조도 받지 않겠다고 했단다.

민주화 운동을 하는 동료들을 위해서라도 돈이 필요했을 텐데 왜 원조를 받지 않겠다고 했을까요?

수지 여사는 "만약 NLD가 WCC에서 원조를 받으면 외부세력으로부터 불법 자금을 받았다는 터무니없는 이유를 붙여서 군사독재정권이 우리에게 부정부패 혐의를 씌울 것입니다. 말씀은 고맙지만 그래서 원조는 받을 수가 없습니다."라고 말했어. 이런 말을 듣고 나니 원조는 포기할 수밖에 없었단다.

그럼 미얀마 민주화 운동을 위해서 특별히 도와주신 것은 없었나요?

제네바로 돌아온 뒤 미흡하나마 미얀마 민주화 망명정부를 돕기 위해 노력했어. 아웅산 수지 여사는 그녀의 친척인 세인 윈 박사를 미얀마 망명정부의 수반으로 옹립하고, 미국과 유럽 등 전 세계적으로 비폭력 평화운동, 미얀마의 민주화와 인권운동을 펼치고 있었지. 나는 매년 그들을 유엔 인권위원회 당시에는 유엔 인권이사회, 매년 4월에 1개월간 개최에 초청해 발언할 수 있게 했는데, 그때마다 노르웨이 정부가 환영 리셉션을 열어 미얀마의 민주화 운동을 적극 지지했던 기억이 나는구나.

이처럼 90년대부터 서방의 정부와 국제기구들의 지속적인 연대가 있었기에, 최근 미얀마 군사정부가 실시하고 있는 민주주의(미흡하지만 옛날에 비하면 장족의 발전을 한)와 자유의 허용이 가능하지 않았나, 하고 나는 생각하고 있단다.

수지 여사가 부탁한, 미얀마에서 쫓겨나서 한국에 있는 NLD 그룹의 학생들은 만나보셨어요?

제네바에서 임기를 마치고 귀국해 인권대사직에 임명되자마자 나는 제일 먼저 수지 여사가 부탁한 미얀마 난민들을 만났어. 한국에서 노동자로 일하며 힘겹게 조국의 민주화를 위해 활동하고 있는 사람들이었어. 나는 그들 중 아홉 명이 유엔이 인정하는 정치적 난민 지위를 얻을 수 있도록 정부를 설득하여 허가를 받아냈지. 미약한 힘이지만 그들을 도울 수 있어 보람을 느꼈단다. 그들이 전 세계적으로 펼치고 있는 조국의 민주화 운동 덕에 더디지만 서서히 미얀마에도 봄이 오고 있지 않은가 생각된단다.

이제 미얀마는 민주화와 인권, 정의를 위해서 한 걸음씩 걸음마를 시작했단다. 지난 20여 년의 기나긴 민주화 과정에서 얼마나 많은 학생, 교수, 승려, 시민이 목숨을 잃거나 부상을 당하고, 정치범 수용소에서 옥사를 했는지 우리는 잘 알고 있어.

우리도 우리나라의 민주화를 위해 많은 희생을 치렀잖니? 우리는 이들의 노력이 반드시 결실을 맺도록 돕고 격려해야 해. 그러면 더디겠지만 미얀마의 봄은 꼭 올 것이라 믿는단다.

06

동티모르의 **호세 라모스 오르타**
전 대통령과의 만남

미얀마는 영국 식민지였다가 독립을 한 후 군사정권이 들어섰고 이제는 민주화 운동이 진행되고 있죠. 한국도 비슷한 과정을 겪었고······. 아시아의 많은 나라가 강대국의 식민지를 경험했어요. 그 후 독립이 되었다고 해도 아직 상처가 아물지 않은 나라가 많은 것 같아요.

그래. 맞아. 식민지의 상처를 가진 나라라고 한다면 동티모르가 대표적이라고 할 수 있겠구나. 동티모르라고 하면 좀 생소하지? 솔직히 말해서 나도 동티모르라는 나라를 제대로 모르고 있었어. 아시아라면 일본, 중국, 인도 정도만 알고 있었으니까.

1982년 4월의 어느 날, 누군가 나를 찾아왔는데 그가 바로 호세 라모스 오르타 Jose Ramos Horta, 자세한 인물 소개 189쪽로, 후에 노벨평화상을 수상하고 동티모르의 대통령이 된 인물이지.

그가 왜 아버지를 찾아갔나요?

그는 본인을 포르투갈 아버지와 동티모르 어머니 사이에서 태어난 아시아인이라고 소개하며 인도네시아의 동티모르 불법 점령을 국제기구에 호소하러 왔다고 했어. 이미 유엔 안전보장이사회에서 인도네시아의 점거는 불법이며 동티모르의 독립을 위해 철수해야 한다는 결의를 얻고 왔다고 했지. 동티모르의 독립을 호소할 수 있도록 WCC 아시아국장인 나에게 본인을 유엔 인권위원회에 추천하여 더욱 힘을 실어달라고 부탁했어.

대단한 용기였네요. 저도 동티모르에 대해서는 잘 모르고 있는데 설명 좀 해주세요.

동티모르는 식민지 역사가 있는 나라 중에서도 아주 한이 깊어. 동티모르는 약 450년이라는 긴 세월 동안 포르투갈의 식민지로 살았단다. 제2차 세계대전이 끝났는데도 포르투갈은 계속 동티모르를 통치하다가 1975년에야 겨우 그들을 놔주었어. 드디어 독립국가가 된다고 동티모르인들은 아주 기뻐했지. 하지만 그해 겨울, 크리스마스가 얼마 남지 않은 12월 어느 날에 인도네시아의 악명 높은 베레모 특수부대가 동티모르를 침공했어. 그 후 동티모르는 인도네시아의 지배를 받게 되었고 호세 라모스는 조국 동티모르를 떠나 유엔 및 국제기구들을 찾아다니며 동티모르의 독립을 호소하고 있었던 거야.

겨우 독립을 했는데, 다시 식민지라니……. 너무 슬픈 역사를 가지고 있네요.

그래. 너무나 가혹했지. 그래서 나는 어떻게 하면 그를 도울 수 있을지 고민하다가, 점심시간을 이용해 동료들에게 동티모르의 상황을 알리기로 했어. 내가 WCC 하우스 내에 '동티모르를 위한 점심 모임 Tray Lunch on East Timor, 국제기구에서 각자 점심 식판을 가져와 당사자의 호소를 듣는 모임'을 조직해 많은 동료를 모았고, 호세 라모스에게 인도네시아의 불법 침략에 대해 고발토록 했지. 그리고 국제대표단을 조직해 동티모르를 방문하겠다고 약속했어. 이 모임에는 당시의 인도네시아 출신 직원들은 오지 않았단다. 그들의 입장을 이해하지만 마음이 좀 편치 않았던 것도 사실이야.

대표단은 별 어려움 없이 구성되었나요?

응. 나는 WCC 네트워크의 아시아 국장들을 동원해서 동티모르 EFFT Ecumenical Fact Finding Team를 조직했어. 그리고 이듬해인 1983년 5월 4일, 대표단을 이끌고 동티모르의 수도 딜리를 찾았단다. 대표단은 독일의 헬무트 군데르트 Helmut Gundert 박사, 네덜란드의 얀 브리테인 Jan Bratein 박사와 애드 무크 Ad Mook 선생, 영국의 마거릿 오그레디 Margaret Ogredy 여사, CCA 아시아 기독교협의회의 클레멘트 존 Clement John 인권 변호사, 미국의 로니 턴업시드 Lonnie Turnupseed 목사, 그리고 나까지 총 일곱 명이었단다. 그야말로 인도네시아 현지 점령 사령관도 함부로 대하거나 무시할 수 없는 이들로 대표단이 구성되었어.

동티모르의 수도 딜리에 직접 가보니 상황이 어땠나요?

딜리는 인도의 자카르타에서 제트 여객기로 다섯 시간이 걸리는 꽤 먼 거리에 있었어. 오후 늦게 도착한 공항에서 가장 먼저 눈에 띈 건 칼을 찬 채 여기저기를 활보하고 다니는 인도네시아 군인들이었지. 보기만 해도 무섭고 으스스한 분위기였단다.

다음 날 인도네시아 사령관이 초대한 오찬에 참석하여 동티모르의 현실에 대한 이야기를 들었어. 그는 동티모르가 너무 낙후되어 있기 때문에 인도네시아가 군인을 동원하여 개발시키고 있다는 터무니없는 이야기를 너무나 당당하게 말했지만, 대표단 중 어느 누구도 그의 말에 귀를 기울이지 않았지.

낙후되어 있어서 군인을 동원한다니, 제가 들어도 정말 말도 안 되는 이야기네요.

그래. 점심식사 후 우리는 카를로스 벨로_{Carlos Filipe Ximenes Belo, 자세한 인물 소개 190쪽} 주교와 만났단다. 그는 인도네시아의 탄압에 맞서 비폭력 저항운동을 펼치고 있던 동티모르의 성직자로, 주민 대부분이 가톨릭인 자국의 정신적 지도자야. 비폭력과 대화를 통해 동티모르의 분쟁을 해결하는 데 앞장선 공로를 인정받아 1996년 호세 라모스와 함께 노벨평화상을 공동 수상하기도 했어.

벨로 주교는 우리 일행을 반갑게 맞이하고는 동티모르의 현실을 위해 애써달라고 간곡히 호소하며 "자유는 총칼로 억압한다고 사라지는 게 아닙니다. 국제기구들이 힘을 합해서 인도네시아의 침략이 불법임을 알리고 동티모르가 독립할 수 있도록 도와주십시오."라고 말했어. 그리고 유엔이 돕고 있는 이주정책에 대해서도 고발했지.

이주정책이요?

응. 원래 동티모르인은 고산족으로 산속에서 평화롭게 살고 있었어. 하지만 유엔과 인도네시아 정부는 자바 섬의 인구가 한계를 초과했다며 자바 섬의 주민들을 동티모르로 이주시키는 이주정책을 실시하고 있었단다. 동티모르는 가톨릭 신자가 대부분인데, 인도네시아의 무슬림들이 이주하면서 곳곳에서 갈등이 끊이지 않았어. 결국 이주정책은 동티모르인을 말살시키는 정책이 된 거야.

그럼 하루빨리 이주정책을 중단시켜야 하는 것 아닌가요?

하지만 이 문제는 제네바의 여러 국제기구들 사이에서도 의견이 엇갈리는 사안이었어. 유엔에게 인도네시아 지원을 중단하라고 종용하는 국제기구들도 있는 반면, 미국을 중심으로 한 서방세력이 이를 거부하는 등 의견이 모아지지 않았지.

정말 이러지도 저러지도 못했던 상황이네요.

　맞아. 그래도 우리가 할 수 있는 일은 최선을 다해야 했지. 대표단은 이튿날 딜리에서 다섯 시간 거리인 동티모르 제2의 도시 바우카우의 전체 상황을 점검하기 위해 시찰을 나갔어. 지프차 다섯 대와 인도네시아 군인까지 동원되어 호위를 받았지만, 정글을 통과할 때는 동티모르 독립군과 인도네시아 점령군 사이의 교전 총성이 들려와 우리가 탄 차는 다섯 차례나 운행을 멈춰야 했지.

　겨우 도착한 바우카우는 아름다운 항구 도시였어. 하지만 그곳에서 생활하는 주민들은 인도네시아 군인의 억압을 받아 자유를 잃고 생기 없는 모습으로 살아가고 있었단다. 그 모습은 한동안 눈가에 어른거렸고 바우카우로 오는 길에 들었던 총성도 귓가에 계속 맴돌아 여러모로 마음이 편치 않았어. 자유의 소중함을 여기서도 느꼈단다.

총성이 들렸다면 동티모르 독립군이 무력항쟁을 했다는 말인가요?

　그들이 독립운동을 위해 무차별적으로 무력을 행사한 것은 아니야. 동티모르 국민들은 평화적인 방법으로 독립운동을 하고 있었지. 정글에서의 교전은 마지막 남은 동티모르 독립군의 정당방위였던 거야.

　시찰을 마친 우리는 동티모르에서 인도네시아 군대가 즉각 철수해야 된다는 결론을 안고 제네바로 돌아왔어. 동티모르의 독립을 촉구하는 우리의 보고서는 전 세계에 알려졌고, ILO 국제노동기구와 ICJ 국제사법재판소 등의 국제기구에서 큰 반향을 일으켰단다.

그 후 호세 라모스를 만나보셨어요?

　7년 뒤인 1989년 4월, 제네바에서 다시 호세를 만났지. WCC 국제국의 인권 변호사와 내가 유엔에서 호세가 연설할 수 있도록 초청했거든. WCC 국제국은 유엔 인권위원회의 자문기구였기에, 매년 유엔 인권위원회 4월 회기에 많은 인권 운동가를 초청, 연설하도록 자리를 마련해줬었지.

　연설자가 많기 때문에 각자에겐 10분의 연설 시간이 주어지는데, 이 10분 동안 호세 라모스는 동티모르의 긴 식민지 생활과 거듭된 인도네시아의 침략, 그로 인해 고통받고 있는 동티모르인들의 실상을 낱낱이 고발했어. 연설장에 있던 400여 명의 청중들이 뜨겁게 호응했던 기억이 나는구나.

　호세 라모스는 이후 나에게 감사하다며 매일 사무실에 나와서 일을 도우려고 했어. 나는 내 앞으로 나오는 긴급 판공비에서 2만 달러를 마련해 그에게 급여를 주었고, 호주 시드니의 외교관 학교에 입학할 수 있도록 입학금을 마련해주었단다.

　그가 동티모르의 독립운동에 앞장선 공로를 인정받아 카를로스 벨로 주교와 함께 1996년 노벨평화상을 수상한 건 앞에서 말했지? 이것을 계기로 동티모르의 현실이 전 세계에 알려졌고, 2002년 동티모르가 독립하자 호세 라모스는 초대 외교부 장관을 거쳐 2007년부터 2012년까지 제2대 대통령에 올랐단다.

하지만 독립을 했다고 모든 문제가 풀렸을 것 같진 않아요.

그렇지. 독립한 지 10년밖에 안 된 나라이니만큼 해결해야 할 문제가 무척 많은 듯했어. 특히 국민들의 뜻을 하나로 모으는 것이 힘들다고 해.

호세 라모스는 2011년 내가 소장으로 있던 이화여대 평화학연구소의 초청으로 방한해 강연했단다.

그는 말했지. "대통령이 되고 제일 먼저 내가 할 일은 국민 통합이라고 생각했습니다. 450년 동안 포르투갈 식민지를, 25년 동안 인도네시아 식민지를 지낸 우리 민족은 그사이 모잠비크, 앙골라, 포르투갈, 인도네시아에 흩어져 살아왔습니다. 그래서 현재 100만의 인구가 포르투갈, 인도네시아, 모잠비크, 앙골라, 그리고 국내에 거주하는 사람으로 나뉘어 싸우고 있습니다. 나는 대통령에 취임하자마자 분열을 조장하는 극렬주의자 열네 명을 해고시켰습니다. 그런데 해고당한 그들이 다음 날 조깅하는 나에게 다섯 발의 총탄을 퍼부어 그중 네 발이 나를 관통했습니다. 나는 군 헬리콥터로 호주 브리즈번으로 옮겨져 긴급 수술을 받은 후 겨우 살아났습니다. 그래서 지금의 삶은 덤이라고 생각하며 살고 있습니다. 후유증으로 오른쪽 발은 오므리지 못하고 다리도 절뚝거리게 되었지만, 나는 포기하지 않고 국민 화합을 위해서 계속 노력할 것입니다."라고.

먹고사는 문제와 국민 통합이라는 어려운 과제를 안고, 부상당한 다리로 열심히 뛰고 있는 호세 라모스 대통령을 생각하며, 내가 도움을 줄 수 있는 일은 없을까 고민하지 않을 수 없었단다.

역시나 해결해야 할 문제들이 많네요.

    응, 맞아. 동티모르는 인구 100만의 작은 신생독립국이니까. 2011년 내가 다시 그곳을 찾았을 때 아직도 유엔이 치안을 담당하고 있었고, 가난의 흔적을 곳곳에서 볼 수 있었어. 우리가 습관처럼 마시는 커피 중에 동티모르 원두가 많다는 건 알고 있니? 이 커피를 수확하기 위해 목숨을 걸고 고산지대의 높은 커피나무에 대롱대롱 매달려서 커피를 따고 있던 동티모르인들을 보고 어찌나 놀랐던지.

목숨을 걸고 커피를 수확한다고요?

    동티모르 커피를 수확하는 산악 민족은 해발 800미터의 높은 고산지대에서 생활하며, 커피나무에 매달린 채 원두를 딴단다. 고산지대라 한여름에도 밤이면 기온이 영하로 떨어졌는데 그들은 제대로 된 이불 한 장 없이 오들오들 떨면서 생활하고 있었어. 낮에는 높은 나무에서 원두를 수확하기 위해, 밤에는 추위에서 살아남기 위해 벌벌 떨고 있었던 거야.

    난 이들을 돕기 위해 사회복지공동모금회를 통해 담요 5000장을 전달했지. 그리고 나눔과평화재단을 통해 산족들의 주택 개량 사업을 돕기 위한 기금 총 3만 5000달러를 기부받았단다. 이렇게 작은 일로나마 나 스스로 조금 위안을 받았어.

난 이 작은 걸음을 시작으로 동티모르가 좀 더 풍요로운 나라가 되길 바라고 있단다. 그리고 동티모르의 자원인 석유와 커피가 정당하고 올바르게 수확되어서 양극화 없이 많은 동티모르인에게 혜택이 돌아가길 바라고 있어.

/
07
/

원주민의 눈물로 만들어진 나라,
호주

유럽의 강대국이 아시아만 식민지로 삼은 건 아니지요?

맞아. 아시아뿐만 아니라 많은 대륙에서도 일어난 일이지. 호주 역시 그중 하나야.

호주는 의외네요. 늘 살기 좋은 나라로 꼽히는 나라잖아요.

물론 호주가 살기 좋은 나라임에는 틀림이 없어. 하지만 호주에도 슬픈 역사가 있단다. 호주는 18세기 이전에는 세상에 알려지지 않은 땅이었어. 아마도 수백만 명의 원주민들이 자신들만의 방식에 따라 평화롭게 살고 있었을 거야.

그런데 1770년, 영국의 탐험가 제임스 쿡 James Cook 선장이 우연히 호주에 상륙하면서 원주민들의 운명이 바뀌게 되었단다. 영국은 쿡 선장이 발견한 드넓은 섬나라 호주를 자국의 땅으로 선포하고는 영국의 흉악 범죄자들을 이 섬에 이주시켜 원주민 말살정책을 폈지. 원주민들은 땅과 삶의 터전을 빼앗겼을 뿐 아니라, 유럽에서 들어온 온갖 전염병에 노출되어 빠르게 그 수가 줄어갔단다.

그래도 여전히 호주에서 생활하는 원주민은 남아 있을 텐데, 그들은 어떻게 살고 있나요?

유럽에서 호주로 이주하는 인구가 늘어남에 따라 원주민 여성과 백인 남성 사이에서 혼혈아들이 태어났어. 호주 정부는 이 혼혈아들을 백인의 자식으로 키워야 한다며, '원주민 동화정책'이라는 미명하에 아이들을 강제로 빼앗아 수용소에 가두고 교육시켰단다.

그렇다고 그 아이들이 백인사회의 주류가 될 수 있었던 것도 아니야. 오히려 성장한 뒤에는 백인들이 하지 않는 힘한 일이나 허드렛일을 하는 하층민으로 전락할 뿐이었지.

백인들의 사회가 된 호주에서 원주민들은 가족붕괴, 인종차별, 빈부격차 등으로 박탈감에 빠질 수밖에 없었고, 삶의 의지를 잃은 채 알코올에 빠지는 경우가 많았어. 그러자 호주 정부는 원주민들의 음주를 법으로 제한하거나 수용소에 가두는 것으로 이 문제를 해결하려 했고, 이것이 사회 갈등으로 떠오르기도 했지.

음주를 법으로 제한했다고요?

그래. 당시 원주민연맹은 호주 정부의 원주민 동화정책이 원주민의 전통과 문화를 제한하고 백인문화와 풍속을 강제로 주입하는 정책이라고 비난했어. 결국 원주민은 전통과 문화를 지키기 위한 자구책으로 백인에게서 멀어지는 것을 선택했다는 거야. 원주민들은 호주 정부가 원주민을 백인과 분리시키기 위해 원주민 동화정책을 펼친 것이며, 심지어 원주민을 알코올중독자로 몰아 수용소로 보낸 것 또한 뿌리 깊은 인종차별 때문이라고 말했지.

하지만 호주 정부는 이들의 주장을 조목조목 비판하면서 원주민 동화정책은 성공적이라고 말했단다. 그저 원주민들이 너무 게으르고 알코올중독자들이 많아서, 어쩔 수 없이 그들을 보호하기 위해 수용소를 운영하고 있을 뿐이라는 거야.

서로의 의견만 주장했으니 누가 옳은지 판단하기가 힘들었을 것 같아요.

그래. 그래서 난 1994년 호주의 사막지대인 앨리스스프링스에서 열흘간 그곳 원주민의 생활상을 조사한 적이 있어. 앨리스스프링스는 아렌티족의 고향으로, 그들은 약 2만 년 전부터 그곳에 살고 있었지.

시드니공항에서 세 시간을 날아 앨리스스프링스에 도착하니, 비가 주룩주룩 내리고 있었어. 그동안 호주를 여러 차례 방문하긴 했지만 시드니, 멜버른, 브리즈번, 캔버라 같은 대도시에만 들렀기 때문에 호주가 그렇게 넓은 대륙인 줄은 그때 처음 알았어.

정말 원주민들 중에 알코올중독자가 많았나요?

　차를 타고 한참 달려서 수용소가 있는 원주민 마을에 도착했어. 하지만 호주 정부가 말한 것과는 달리 알코올중독자들의 수용소는 텅 비어 있었지. 현지 관계자에게 물어보니 잘 곳 없는 원주민들만 그곳에서 자고 아침에는 모두 나간다는 거야. 게다가 원주민들은 이곳을 싫어하고 전통적인 광야의 생활을 즐긴다고도 했어. 결국 그들은 알코올중독자들이 아닌데도 백인 경찰이 과잉보호를 하고 있었던 거지.

그럼 원주민들의 말이 맞았던 거네요.

　그렇지. 그곳을 다녀온 후 호주 국영 텔레비전과 가진 인터뷰에서 나는 원주민이 술을 마시게 된 원인은 호주 정부의 정책 때문이라고 말했어. 진정한 의미의 사회 통합은 소수민족의 전통과 문화를 존중하고 그 문화를 인정할 때 시작되는 것인데, 문명이라는 이름으로 원주민을 무참하게 학살한 것이 호주의 근대사 아니냐며 강하게 비판했단다. 또한 인간의 인격은 물질적 풍요가 보호해주는 것이 아니며, 진정한 의미의 사랑을 실천할 때 비로소 상대의 인격과 나의 인격이 존중받고 보호받는 것이라고 말했어.

　인터뷰를 마치고 제네바로 돌아와 호주 원주민에 대한 보고서를 만들어 중앙위원회에 제출했어. 그 보고서를 작성하면서 앨리스스프링스에서 만난 한 원주민 지도자의 말이 문득 떠올랐단다.

　"우리 원주민은 자연을 어머니의 품으로 생각하고 있습니다. 하지만 백인이 이 나라에 와서 개발을 이유로 50년씩 이 땅을 빌리겠다고 했고, 그 기한은 자동으로 연장된다고 말했습니다. 어머니의 품과 같은 자연을 그들은 개발이라는 이름으로 파괴하고 있습니다. 자연은 모두의 어머니입니다. 우리는 자연의 품에 잠시 안겨 있다가 떠나는 것이지요. 지금까지 살아온, 살고 있는, 그리고 앞으로 살아갈 모든 생명이 자연이라는 어머니 품에 함께 안겨 있다가 떠납니다. 자연은 결코 소유의 대상이 아닙니다. 우리의 어머니라는 것을 기억해야 합니다."

이 원주민의 목소리는 오늘날 돈이면 다 되는 것으로 착각하며 자연의 소중함을 잊고 사는 현대인이라면 깊이 새겨야 할 거야.

척박한 현대 문명 속에서 원주민의 조용한 가르침을 떠올리고 기억하며, 더불어 하루아침에 삶의 터전을 빼앗긴 원주민의 인권에 대해서도 다시 생각해보기 바란다. 원주민의 인권과 그들의 존엄성은 우리가 풀어야 하는 21세기의 과제임에 틀림없으니까.

/ 08 /

인종차별이 가장 심한 곳, 남아프리카공화국

호주 원주민 이야기를 들으니 자연스럽게 아프리카 대륙이 생각나요. 그곳도 원래 흑인의 땅인데 오히려 흑인에 대한 백인의 인종차별정책이 노골적인 곳이잖아요.

맞아. 특히 남아프리카공화국은 흑인에 대한 노골적인 인종차별정책으로 오랫동안 지탄을 받아온 곳이야. 아프리카라는 곳이 원래 흑인들의 땅인데 그곳에서 흑인들이 차별을 받는다니, 이 얼마나 어불성설인지……

남아프리카공화국 역시 대대로 그 땅에서 평화롭게 살아가던 원주민들의 터전이었지. 하지만 400년 전 이 땅에 있는 금광을 차지하기 위해 네덜란드인, 독일인, 영국인이 몰려들기 시작했어. 게다가 이

주민들끼리의 헤게모니 쟁탈전과 유럽 대륙 내에서의 전쟁이 이 가난한 대륙의 운명을 결정지었단다.

유럽에서의 상호 전쟁이 아프리카, 아시아, 남미, 중동 나라들의 운명을 '식민지'로 전락시켰다는 말이야. 유럽 전쟁에서 승리한 영국이 아프리카의 많은 나라를 제멋대로 합쳐 1910년에 세운 나라가 지금의 남아프리카공화국이지.

그러니 남아프리카공화국의 인종차별이 유독 심할 수밖에 없겠지요.

맞아. 좋은 농토는 백인들이 차지하고 흑인들은 척박한 땅과 오지의 땅만 가꾸도록 하는 차별적인 식민정책이 실시되었어. 백인과 흑인의 주거지역을 철저히 분리했고, 도심에서 쫓겨난 흑인들은 정해진 구역에서만 살도록 제한을 받았단다. 거주지를 옮길 수도, 백인이 이용하는 식당에 들어갈 수도 없었고, 직업과 급여에서도 엄청난 차별을 당했다고 해.

인구의 16퍼센트 정도밖에 안 되는 백인들이 절대다수의 흑인들에게 오랫동안 가해온 이 정책이 바로 아파르트헤이트_{Apartheid, 분리라는 뜻의 아프리칸스 말}야.

독립된 후에도 이 정책의 관례는 흑인들이 경제적으로 자립하는 데에 걸림돌이 되고 있어서 많은 흑인연합회가 토지개혁을 요구하고 있지만 실현되고 있지는 않아.

아니, 이렇게 차별이 심한데 다른 나라에서는 가만히 보고만 있었나요?

물론 남아프리카공화국의 이러한 정책은 국제사회에서도 많은 비난을 받았어. 하지만 오히려 점점 더 노골적인 방향으로 나아갔지. 결국 참다못한 흑인이 시위와 저항운동을 벌이면서 많은 사상자가 나오기도 했단다. 그러자 1974년 유엔은 남아프리카공화국의 투표권을 빼앗고, 군사 물품을 공급하지 못하게 하는 등의 제재를 가하기 시작했어.

이후 유엔뿐 아니라 많은 국제기구에서 남아프리카공화국 내에서의 국제기구 활동을 제한했지. ILO 그리고 WCC도 예외는 아니었는데, 흑인의 해방을 위해 남아프리카공화국 정부를 압박하기 위한 프로그램을 실행하는 데 주력했어.

어떤 프로그램이었나요?

WCC에서는 1986년부터 회원 교회의 국가들에게 남아프리카와의 모든 은행 업무를 중지하도록 했고 직원들의 출장도 금지하는 등 대대적인 캠페인을 벌였지. 인종차별정책에 항의하기 위해 대규모의 경제제재를 실시했다고 볼 수 있어.

자국 교회의 요청에 의해 미국, 캐나다, 서독, 프랑스, 네덜란드, 영국, 스칸디나비아 4개국 덴마크·노르웨이·스웨덴·핀란드 등이 캠페인에 동참했어. 이 프로그램은 흑인 인권운동을 하다 종신형을 받고 감옥에 갇혀 있던 넬슨 만델라 Nelson Mandela, 자세한 인물 소개 191쪽, 그리고 WCC에서 많은 일을 한 1984년 노벨평화상 수상자인 데스몬드 투투Desmond Tutu, 자세한 인물 소개 191쪽 주교가 힘을 보태주어 더욱 활기를 띠게 되었단다.

남아프리카공화국에는 직접 가보셨어요?

말했듯이 WCC에서는 흑인 인권운동을 위해서 많은 일을 하고 있었는데, 그러려면 직접 가봐야 한다는 결론이 나왔지. 해서 1988년에 남아프리카공화국의 최대 도시 중 하나인 요하네스버그를 방문했단다.

다운타운은 고층건물이 즐비하고, 많은 고급 상점이 늘어선 번화가였는데 거리를 활보하는 사람들은 거의 백인이었어. 흑인은 거리를 청소하거나 상점에서 중노동을 하는 이들뿐이어서, 한눈에도 흑인에 대한 인종차별이 심하다는 것을 알 수 있었어.

점심을 먹기 위해 식당에 들어갔는데, 발을 들이자마자 백인 전용 식당이라는 걸 바로 알아차릴 수 있었지. 식사하는 수십 명의 사람 중 흑인은 한 명도 없었던 거야.

그때만 해도 서방국가들이 코끼리의 상아를 수출입 금지 품목으로 지정하고 상아를 운반하거나 반출하는 것을 국제적으로 금하고 있었어. 하지만 요하네스버그에서는 어디를 가도 상아의 장식품이 즐비한 상점이 보였지. 인종차별뿐 아니라 국제규약까지 어기고 있구나라고 생각하니 마음이 불편하더구나.

그렇게 인종차별이 심한 곳인데, 식당에서 아시아인이라고 차별을 받지는 않았나요?

식당 앞에서 내가 두리번거리고 있자 백인 여자 종업원이 자리를 안내해주었는데 음식을 주문할 때부터 식사를 마칠 때까지 백인들의 시선을 받기는 했지. 하지만 아마도 일본 때문에 그나마 백인과 동등한 대우를 받았던 것 같아.

일본 때문이라니요?

케냐의 나이로비 시내에 일본 클럽이라는 곳이 있어. 이곳에 가면 일본의 신문, 잡지, 그리고 비디오, 음식 등을 한 번에 해결할 수 있지. 일본 음식을 먹을 수 있을 뿐 아니라 신문을 통해 아시아와 한국의 뉴스를 볼 수 있기에 출장을 가면 종종 이용하고는 했어. 이렇게 일본이 아프리카에서 경제활동을 하고 있었기 때문에 남아프리카공화국 사람들도 일본에는 호의적이었던 것 같아.

지금 생각하니 당시에 일본을 '경제동물' 국가라고 비판했던 세계의 눈이 옳았던 것 같아. 경제 이익이 있는 곳이라면 상대 국가가 독재국가건, 인종차별 국가건 불문하고 활동을 했으니까. 일본 클럽이 아직도 있는지는 모르겠지만 그곳에 갈 때마다 당시의 일본을 보는 듯해서 늘 씁쓸했지. 가난의 가장 중심부에 위치했음에도 불구하고 그곳만은 예외지역이라 늘 이용한 후에는 죄의식이 생겨나곤 했단다.

제가 일본에 있으면서도 깊게 생각해보지 못한 문제네요. 아무튼 현재 남아프리카공화국의 인종차별 문제는 어떻게 되었나요?

긴 세월 동안 유지되었던 인종차별정책은 1993년 남아프리카공화국의 제10대 대통령인 프레데릭 데 클레르크Frederik Willem de Klerk와 넬슨 만델라가 노벨평화상을 공동 수상하면서 서서히 종지부를 찍게 되었어.

클레르크 대통령은 백인임에도 불구하고, 취임한 후 즉각 인종차별정책을 철폐하고 정치범 석방, 아프리카민족회의 합법화 등 혁명적 조치들을 단행했지. 그리고 인종차별정책을 반대하다 옥고를 치르고 있던 넬슨 만델라를 석방했어.

넬슨 만델라는 석방된 후 클레르크 대통령과 서로 협조하여 1994년 최초로 흑인이 투표에 참여할 수 있도록 했단다. 그 선거에서 만델라는 최초의 흑인 대통령이 되었지. 이로 인해 400년의 긴 인종차별정책이 종말을 고하게 되었어. 하지만 정책을 철폐했다고 해서 차별 자체가 완전히 사라진 것은 아니었어. 보이지 않게 남아 있는 인종차별은 앞으로 서서히 사라지도록 노력해야겠지.

인종차별이 아직 남아 있다는 말씀이시죠?

그래. 그런데 이건 흑인만의 문제가 아니야. 우리나라만 생각해봐도 알 수 있어. 점점 다문화 가정도 많아지고 있는데, 이 가정에서 태어난 아이들이 따돌림을 당하고 있다는 기사를 종종 볼 수 있지? 그리고 반대로 미국이나 호주 등에서 생활하고 있는 우리나라 유학생이 인종 차별을 당했다는 기사를 보면 많은 국민이 울분을 토하고는 하지.

　인권은 상대방의 편에 서서 바라볼 줄 알아야 해. 내가 상대방의 인권을 무시했다면, 상대방도 언제든 내 인권을 무시할 수 있는 거야. 피부색이 조금 다르다는 이유로 인권을 무시해도 된다는 법은 어디에도 없단다. 우리나라도 다문화 가정이 점점 늘어나고 있는데 이 가정에서 태어난 아이가 대통령이 될 수도 있는 거야. 우리나라가 인권 선진국으로 가기 위해서는 우리 주변에 있는 이웃을 따뜻한 눈으로 바라보는 시각이 반드시 필요하단다.

/ 09 /

인디오의 희망, 리고베르타 멘추

많은 약소국이 식민지로 전락하면서 그에 따른 차별이 우리가 알고 있던 것보다 훨씬 심각했네요.

그렇지. 세계의 역사를 전체적으로 살펴보면 북반구가 남반구를 지배하는 바람에 지구의 양극화가 심해졌던 거야.

북반구가 남반구를 지배했다는 말이 무슨 뜻인지 잘 와 닿지 않아요.

유럽 대륙, 북아메리카 대륙 등 북반구에 있는 몇몇 나라들이 남반구에 있는 아프리카, 아시아, 남아메리카의 많은 나라를 침략하고 식민지화했던 것을 말하는 거란다. 짧게는 몇십 년, 길게는 몇백 년 동안 제 나라처럼 통치하면서 자원과 인력을 착취한 일이 비일비재했지. 그래서 유럽, 미국 같은 나라는 경제적으로 점점 풍요로워졌지만 아프리카와 아시아, 남아메리카의 많은 나라는 여전히 가난하고 낙후된 생활을 하고 있단다.

아메리카 대륙도 식민지로 인해 만들어진 나라죠?

유럽의 강대국에 의해 약탈당하고 그곳의 원주민이 삶의 터전을 잃은 대표적인 곳이지. 아메리카 대륙이라고 하니 리고베르타 멘추 Rigoberta Menchu Tum, 자세한 인물 소개 192쪽 여사가 생각나는구나.

예전에 멘추 여사를 만난 적이 있으시죠?

그래. 직접 만나기 전에 책을 통해 멘추 여사를 먼저 만났단다. 1986년이었을 게다. 평소 친분이 두텁던 WCC 남아메리카국의 국장에게서 《나, 리고베르타 멘추 툼I, Rigoberta Menchu Tum》이라는 제목의 영어 번역본을 선물로 받았지. 그날 저녁 바로 책을 펼쳤고, 도저히 멈출 수가 없어서 단숨에 다 읽어버렸어.

책은 어떤 내용이었나요?

리고베르타 멘추 여사가 과테말라 정부의 잔인성과 원주민들이 겪는 인권 탄압을 생생히 증언하는 내용이었어. 그녀는 가난한 족장의 아홉 남매 중 여섯째로 태어나 어릴 때부터 농장에서 일하며 노예 같은 삶을 살았다고 해. 당시 과테말라는 약 300년의 스페인 식민 지배에서 벗어난 뒤였지만, 여전히 소수의 스페인계 백인과 그 혼혈인이 인구의 70퍼센트인 원주민들을 지배하고 있었지. 그들은 원주민들이 애써 개간한 땅을 빼앗고 추방시키는 식으로 배를 불려갔고, 멘추 여사의 가족들 역시 그들에게 땅을 빼앗겼지. 결국 그녀의 가족과 마을 사람들은 지주들에 대항해 투쟁에 나설 수밖에 없었는데, 그 과정에서 가족들이 참혹한 죽음을 당했어.

열여섯 살밖에 안 된 남동생은 정부군에게 끌려가 심한 고문을 당한 뒤 가족들이 보는 앞에서 알몸으로 불에 타 죽었고, 아버지 역시 '농민에게 살아갈 길을 달라!'며 투쟁하다 스페인 대사관 앞에서 정부군의 공격을 받아 불에 타 죽었지. 당시 그녀의 가족들은 뿔뿔이 흩어져 투쟁 중이었는데, 어머니도 그런 이유로 잡혀가 군인들에게 윤간 당하고 잔인한 고문에 시달리다 결국에는 들녘에 버려져 짐승의 먹이가 되었다고 해.

아…… 정말 끔찍해요.

그렇지. 보통 사람은 상상도 할 수 없는 끔찍한 가족사, 그 처절한 인권 말살의 현장을 멘추 여사는 너무도 생생하게 고발하고 있었어. 멘추 여사는 어머니까지 잃자 멕시코로 탈출해 중남미 인디오_{Indio, 중앙아메리카와 남아메리카 일대의 원주민}들의 참상을 진 세계에 알리고, 과테말라 농민들의 투쟁을 후원하는 일을 하다 베네수엘라 출신의 프랑스 인류학자 엘리자베스 부르고스_{Elisabeth Burgos Debray}를 만나 이 책을 출간하게 되었단다.

그녀는 학교란 데를 다녀본 적이 없기 때문에 어깨너머로 배운 스페인어로 자신이 겪은 일을 이야기했고, 그렇게 만들어진 이 책은 1983년 출간된 뒤 11개국의 언어로 번역되어 전 세계적인 베스트셀러가 되었지.

난 이 책으로 중남미 인디오들의 비참한 현실을 알게 되었고, 누구도 이런 만행에 눈감아선 안 될 뿐 아니라 원주민들의 인권을 위해 어떤 일이라도 해야겠다는 결심을 했단다.

그럼 실제로 멘추 여사는 언제 만나셨나요?

WCC는 국제기구로서 노벨평화상 후보를 추천하기도 해. 라틴아메리카국의 국장으로 새로 부임한 마르타 팔마Marta Palma 여사가 리고베르타 멘추 여사의 노벨평화상 추천 캠페인을 시작했고 나도 거기에 동참했어. 특히 아프리카국, 아시아국, 중동국 등이 적극적으로 나서서 도왔던 것이 지금도 흥미롭게 기억되는구나.

그렇게 해서 1992년 리고베르타 멘추 여사는 33세의 젊은 나이에 노벨평화상을 수상하는 영광을 차지했어. 여성으로는 1991년의 아웅산 수지 여사에 이은 열 번째 노벨평화상 수상자였지. 노벨평화위원회의 프란시스 세예르스타트Francis Sejersted 위원장은 "가장 잔인한 탄압과 박해를 받는 곳에서 태어났음에도 그녀는 투쟁의 최종 목표가 언제나 평화라는 점을 잊지 않았다."며 선정 이유를 밝혔어.

해외에서 인디오들의 인권을 위해 투쟁하고 있던 멘추 여사가 수상을 위해 유럽을 찾았고, 오슬로를 거쳐 WCC 제네바 본부에 왔을 때 나는 비로소 그녀를 대면할 수 있었단다.

멘추 여사의 첫인상은 어땠나요?

첫인상은 무척 놀라웠단다. 부모와 형제를 그렇게 참혹하게 잃고 거친 투쟁을 하며 살아온 사람이라고는 믿기지 않을 만큼 밝고 천진난만한 표정을 간직하고 있었기 때문이야. 그 미소는 억지로 지어낸 것이 아니라, 그녀의 민족이 태생적으로 가지고 있는 순박함과 아름다움에서 비롯된 것이었어.

그녀는 자신을 통해 인디오들이 겪고 있는 학대 행위가 전 세계에 알려져 그들의 인권 회복을 앞당길 수 있도록 도와주어 감사하다는 인사와 함께 우리들 하나하나와 뜨거운 포옹을 했어. 그녀는 1박 2일 동안 우리와 프로그램을 함께하고 돌아갔단다.

그 후로 만난 적은 없으신가요?

2010년에 한국에서 멘추 여사를 다시 만났어. 내가 이화여대 평화학연구소의 한 프로그램에 그녀를 초청했거든. 학생들에게 노벨평화상 수상자들의 강의를 직접 들을 수 있는 기회를 제공하기 위해 만든 세계 수준의 연구 중심 대학 육성 사업의 일환이었지.

18년 만의 만남이라 감회가 남달랐을 것 같아요.

　남편과 함께 내 연구실로 들어서는 그녀를 보자, 옛날의 그 감격이 다시 떠올랐단다. 중년에 접어들었다는 것만 빼면 그녀는 18년 전의 그 모습 그대로였어. 예의 따스한 미소로 재회의 기쁨을 표현했지. 멘추 여사는 인디오들의 인권뿐 아니라 여성의 인권을 위해서도 맹렬히 활동하고 있었어.

　1주일의 여정을 끝내고 떠나기 전날, 나는 멘추 여사 부부를 위해 송별회를 마련했단다. 과테말라에서 근무했던 대사 부부, 과테말라와 인연이 있는 몇 분, 그리고 우리 연구소 직원들이 함께 참석한 식사 자리였는데 그 자리에서 나는 오랫동안 궁금했던 질문 하나를 그녀에게 던졌어.

어떤 질문이었나요?

　아주 단순한 질문이었어. 내가 멘추 여사의 책을 1986년 무렵에 읽었는데 그때 벌써 세계적인 베스트셀러였고 지금까지도 꾸준히 팔리고 있으니 돈을 얼마나 많이 벌었는지, 그리고 그 돈을 어디에 썼는지 물었지.

아버지도 참……. 그런데 좀 궁금하긴 하네요.

　그렇지? 그래서 물었더니 그녀는 뜻밖의 이야기를 해서 나를 놀라게 했어. 그 책으로 한 푼도 벌지 못했다는 거야. 저작권이 인터뷰를 진행한 브루고스에게 있기 때문이더라고. 멘추 여사는 책이 출판된 지 10년쯤 되었을 때 이제부터는 인세를 50퍼센트씩 나누자고 브루고스에게 제안한 적이 있었다고 해. 하지만 그녀는 유엔의 지적재산권을 거론하며 멘추 여사에게 한 푼도 줄 수 없다고 말했다는 거야.

네? 인권에 대한 책을 쓴 사람의 생각이라고는 믿을 수가 없네요.

그래서 나도 분노하면서 말했지. 그 책은 멘추 여사의 이야기이고 그녀는 받아쓰기만 한 것이니 내가 한국의 변호사들을 동원해서 인세를 전부 찾게 해주겠다고. 브루고스의 행동은 지적재산권 본연의 취지를 완전히 훼손한 경우라고 생각했었거든. 아무리 그녀가 썼다 해도, 멘추 여사가 구술한 것을 받아쓴 것이기 때문에 인세를 최소한 절반씩 나눠야 하는 게 맞을 텐데……. 유엔에서 실행하는 지적재산권이 이런 예외적인 경우는 보호하지 못한다는 게 참 안타까웠어. 하지만 멘추 여사는 의외의 대답을 했어.

의외의 대답이라니요?

멘추 여사는 흥분한 내 얼굴을 물끄러미 바라보며 말했지.

"박사님, 호의는 감사하지만 우리 원주민들은 돈을 가지고 송사하지 않습니다. 그리고 이탈리아의 세계적인 테너 가수 루치아노 파바로티 Luciano Pavarotti가 세상을 떠나기 전에 상당한 재산을 우리 멘추재단에 기부하셨습니다. 우리 원주민들의 인격과 영성을 세계에 전파하는 데 써달라면서요. 그래서 돈 문제는 해결됐습니다. 우리에겐 많은 돈이 필요 없으니까요."

순간 나는 내가 갖고 있는 천박성이 한없이 부끄럽고 창피했단다. 나도 모르게 나 역시 돈이 아주 귀중한 것으로 착각하고 있었다는 걸 깨달았기 때문이지.

비참한 가족사와 끊임없는 인권 탄압을 받은 분이 어쩜 그렇게 고고하신 지…….

맞아. 우리로서는 상상도 하지 못할 성품이지. 내가 간과한 부분은 멘추 여사가 파바로티에게 막대한 기금을 기부받은 것이 송사에 이겨서 50퍼센트의 인세를 돌려받은 것보다 더 큰 의미를 갖는다는 점이야.

멘추 여사의 인생은 그 자체가 상처였으며, 그 상처를 어떤 식으로 치유하느냐 하는 문제는 법이 할 수 없는 부분이지. 상처는 인간의 존엄성이 상호 매끄럽게 교감하면서 용해되고 융화될 때 치유되는 것이기 때문이란다. 멘추 여사는 돈보다 더 중요한 것은 인간의 인격이라는 걸 다시금 일깨워주었어.

그리고 또 하나 해주고 싶은 말이 있단다. 돈은 분명히 중요한 것임에는 틀림이 없어. 하지만 필요한 만큼만 있으면 돼. 그러니까 돈이 모든 것을 가져온다고 착각하지 말았으면 한단다. 이 세상에는 돈보다 더 귀한 덕목들이 많이 있고, 학문을 하는 목적은 바로 그 덕목을 찾아서 헤매는 거야. 그러다보면 돈이란 것은 필요한 만큼 따라오게 되어 있는 거란다.

상처 입은 나라,
고통받는 사람들

/
10
/

역사의 아이러니가 숨겨져 있는
인도아대륙

아버지의 말씀을 들으니 제가 놓치고 있던 것을 서서히 알아가게 되는 것 같아요. 그동안 너무 저만 생각하며 살아온 건 아닌가 싶어 마음도 무겁고요. 지구촌 곳곳에서 일어나고 있는 수많은 아픔을 회피하고 있었던 게 아닌가 반성하게 되네요.

    우리가 생각했던 것 이상으로 많은 나라가 고통받고 있단다. 인도도 그중 하나에 포함이 될 거야.

인도는 많은 사람이 심신을 치유하고자 찾는 곳 아닌가요?

    그렇단다. 인도라고 하면 위대한 나라, 철학의 나라, 명상의 나라, 그리고 가난한 나라 등 많은 수식어가 떠오르지. 내가 여러 차례 가보면서 느낀 바로는 인내심이 무척 강하고, 다른 언어를 가진 사람들이 서로 존중하며 조화롭게 사는 나라, 특히 영성이 무척 강한 나라였어.

카스트제도에 묶여 불합리한 대우를 받고, 평생 가난에 허덕이며 살면서도 늘 미소 짓는 사람들의 얼굴을 볼 때마다 그들이 의지하는 종교의 힘이 얼마나 대단한 것인지를 새삼 느끼곤 했단다. 하지만 그 종교의 또 다른 이면 때문에 인도는 많은 아픔을 겪어야 했으니, 이 또한 역사의 아이러니라 하지 않을 수 없어.

역사의 아이러니라는 것은 어떤 점을 두고 하시는 말씀이세요?

인도에 대해 바르게 알려면 이 나라가 겪은 역사를 먼저 살펴보는 것이 중요해. 한국의 젊은이는 미국, 유럽, 일본, 중국의 역사는 어느 정도 알고 있는 것 같은데 인도아대륙, 즉 인도와 파키스탄, 방글라데시, 네팔, 부탄 등의 역사에는 전혀 관심이 없지.

현재 우리가 알고 있는 인도와 그 주변의 파키스탄, 방글라데시는 원래 한 나라였어. 영국이 350여 년 동안 인도를 식민 지배하고 떠나자, 인도 인구의 25퍼센트를 차지하고 있던 이슬람교도들이 자신들만의 나라를 건립하겠다며 파키스탄이란 신생국가를 탄생시킨 거야.

우리나라가 일본에서 독립한 뒤 이데올로기에 의해 남과 북으로 갈린 것처럼, 인도는 종교에 따라 인도와 파키스탄으로 분리되었다고 볼 수 있지.

그런 역사가 있었는지 몰랐어요.

지금으로부터 약 3500년 전에 유럽인들의 선조인 아리아인들이 인도를 침범했어. 이들이 인도의 재래 종교와 자신들의 종교를 합하여 만든 것이 힌두교란다.

수세기 동안 인도에서는 힌두교 세력이 왕조를 건설하고 통치해왔는데, 1206년에 이슬람교도들이 들어와 무슬림 왕조를 세우고 6세기 반 동안 인도와 그 주변국인 인도아대륙을 지배했지. 이 과정에서 무슬림 문화와의 접촉으로 인도에는 새로운 문화가 생겨났는데, 오늘날 많은 관광객이 황홀해하는 타지마할, 아그라 지역의 요새들, 후마윤의 묘지 등이 바로 무슬림 최고의 전성기였던 무굴제국의 유산들이야.

하지만 두 종교의 이질성 때문에 갈등과 충돌도 많았단다. 이슬람교는 유일신을 믿는 종교로 신의 형상을 그리는 것이 절대 허락되지 않지만, 힌두교는 다신교이고 신의 형상을 무척 중요시하기 때문에 사원이며 집 안에 온갖 신의 형상을 그려 넣어야 해. 또한 이슬람교에는 아브라함이 아들 이삭을 제물로 바친 일을 기념하는 연례행사가 있어 소를 도살하는 의식을 무척 중요하게 여기는 반면, 힌두교에서는 소를 신성시하기 때문에 무슬림들의 이런 의식을 반대할 수밖에 없었단다.

결론적으로 두 종교는 융합할 수 없는, 정반대 성격을 갖고 있었기에 무슬림들은 힌두교도들을 통치하기 위해 무자비한 군주 전제정치로 일관했고, 토착민이었던 힌두교도들은 수세기 동안 억압당해

온 셈이지.

그러다 19세기에 영국의 식민지가 되면서 인도 내의 세력 다툼에서 오히려 힌두교가 우위를 점하게 돼. 무슬림들은 인도 인구의 25퍼센트에 불과한 데다 영국이 추진한 영어 교육에 반감을 가졌기 때문에 나라의 주요 요직이나 학력 등에서 밀려날 수밖에 없었지. 한편에서는 영국이 인도인들의 분열을 조장하기 위해 두 종교 집단을 차별하는 분리정책을 폈다는 비난도 있어.

또 식민지 이야기네요.

세계 여러 나라를 가보면서 확신한 건 아시아, 남태평양의 섬나라, 남아메리카, 아프리카 등의 많은 나라가 전쟁과 기아, 갈등, 억압, 차별 등의 어려움을 겪는 데는 19세기 유럽 강국들의 잘못된 식민정책이 큰 원인으로 작용했다는 거야.

그 후 인도는 어떻게 되었나요?

종교적인 갈등은 있을지언정 두 세력은 나라의 독립을 위해 공동으로 '인도 국민회의'를 조직하고 반영운동을 펼쳤지. 이때 인도인들의 지도자로 부상한 이가 바로 비폭력 운동의 창시자 마하트마 간디 Mahatma Gandhi 야. 그는 힌두교도들과 무슬림들 간의 정치적 통합을 위해 애썼지만, 그가 주장하는 비폭력 저항운동과 무슬림들이 주장하는 무력투쟁이 충돌하면서 대립의 길을 걷게 되지.

1947년 인도는 긴 세월의 식민지 생활에서 해방되어 독립하지만, 종교가 다르다는 이유로 힌두교의 인도와 이슬람교의 파키스탄으로 분리되었어. 하지만 종교만으로 나누다보니 인더스 강 유역의 서파키스탄과 갠지스 강 유역의 동파키스탄은 적대국인 인도를 사이에 두고 1600킬로미터나 떨어지게 되었고, 이 두 지역은 종교만 같을 뿐 인종과 언어는 전혀 달라 또 다른 갈등을 낳게 돼. 결국 1971년 동파키스탄이 방글라데시로 독립함으로써 인도는 제2차 세계대전 이후 세 나라로 분할되고 말았지.

지금도 인도와 파키스탄의 국경지대인 카슈미르 지방은 분쟁지역으로 남아 있어. 주민의 대부분이 무슬림이기 때문에 파키스탄에 편입될 것 같았지만, 인도가 이 지역을 포기하지 않는 바람에 두 나라는 1947년부터 1971년까지 총 세 차례나 전쟁을 했고, 결국 정전 상태로 지금에 이르렀단다.

결국 한 나라가 인도, 파키스탄, 방글라데시로 나뉘게 되었네요.

그래. 세 나라는 지금도 아시아는 물론 세계에서 손꼽히게 가난한 나라들이란다. 그리고 인도는 카스트의 굴레, 파키스탄은 정치적인 혼돈, 방글라데시는 매년 반복되는 자연재해 등의 문제로 신음하고 있어. 가난을 이유로 근대화가 느리다는 오해를 받고 있는 것도 사실이야. 그러나 나는 그렇게 생각하지 않아. 이들은 외래의 물결에 금방 영향을 받거나 천박하게 물들지 않지. 그만큼 생각이 깊다고 볼 수 있어.

어떤 모습을 보고 그렇게 느끼셨어요?

　1985년에 아라비아해가 범람해 뭄바이 남쪽의 한 면이 하루아침에 파도에 휩쓸렸고, 1500명의 무고한 생명이 희생된 일이 있었어. 당시 나는 뉴델리에서 회의를 하고 있었는데 회의 중간에 제네바에서 보낸 팩스로 그 소식을 듣고 바로 현지로 달려갔단다.

　뉴델리에서 뭄바이까지 비행기로 세 시간, 그리고 뭄바이에서는 승용차로 네 시간을 달려서야 현장에 도착할 수 있었지. 하지만 무서운 해일을 상상했던 내 앞에는 모든 걸 휩쓸어간 뒤 고요하게 찰랑이는 바다만 있을 뿐이었어.

　WCC에서 긴급구호활동으로 마련한 식량과 담요가 이미 도착해 있었고 나는 주민들을 위로하고 담요를 나눠주는 간단한 의식에서 인도인들이 보여준 태도에 깜짝 놀랐단다. 가족을 순식간에 잃은 슬픔 속에서도 그들은 조용하게 명상하며 기도하고 있었던 거야.

　인도인들의 명상하는 자세, 깊은 영성의 얼굴은 네팔에서도, 이슬람교를 주로 믿는 방글라데시와 파키스탄에서도, 불교가 다수인 스리랑카에서도 볼 수 있었어. 이 지역의 묵상을 통한 영성은 나에게 신선한 충격으로 다가왔으며 지금까지도 나는 아름답고 조용한 그들의 전통을 늘 인상 깊게 간직하고 있단다.

그런 문화는 어디에서 비롯된 것일까요?

　글쎄. 역사도 다르고 종교도 다른 나라들인데, 어디에서 이 강한 공통분모가 온 것일까? 아마도 200년에서 450년이라는 기나긴 서구 식민지에 대항하는 사람들의 항변이 내면화되어 그들 속에 정착한 것이 아닐까?

비록 긴 억압의 세월과 그로 인해 나라가 분리되는 아픔을 겪었지만, 이러한 전통과 미덕이 있기 때문에 이 나라들에는 여전히 희망이 존재한다고 나는 생각하고 있단다.

/
11
/

카스트와 다우리의 굴레, 인도

아버지가 말씀하신 대로 인도아대륙은 깊고 풍부한 영성을 본받을 수 있는 곳이에요. 그런데 그에 못지않게 불합리한 제도, 그러니까 앞서 잠깐 말씀하신 카스트제도 같은 건 어떻게 이해해야 할까요?

그건 이해할 수 있는 부분이 아니지. 일단 인도를 먼저 보면, 인도는 세계에서 일곱 번째로 넓은 국토에 13억의 인구를 가진 대국이야. 그리고 400년의 영국 식민지 시절 배운 지식, 특히 영어 구사 능력을 바탕으로 비약적인 발전을 하고 있는 나라로 인도의 성장 잠재력은 어느 누구도 무시할 수 없을 거란다. 하지만 인도가 선진국으로 도약하는 데 맹점으로 작용하는 것이 바로 뿌리 깊은 카스트제도와 결혼할 때 여성들에게 지참금을 요구하는 다우리제도야.

카스트제도는 역사가 참 길지요?

그렇지. 지금으로부터 약 3500년 전 인도를 침범한 아리아인들이 원주민들을 노예화하고 남쪽으로 추방하면서 통치수단으로 만든 것이 바로 카스트제도야. 즉, 힌두교라는 종교를 만들고 이 힌두교에 카스트제도를 접합시켜서 사회의 신분을 구분한 것인데, 이것이 지금까지 이어져오고 있으니, 인도의 카스트제도는 3500년 이상 지속되어 온 셈이지.

카스트제도의 최상위 계층인 브라만Brahman, 승려 또는 사제은 전체 인구의 약 4퍼센트밖에 되지 않으며, 모든 부와 권력을 쥐고 같은 계급끼리만 혼인을 하는 방법으로 그것을 영원히 고착시키고 있어.

두 번째로 높은 신분은 크샤트리아Ksatriya, 왕이나 귀족라 칭하며, 인구의 약 7퍼센트가 이에 속해. 세 번째 계급이 약 12퍼센트에 속하는 바이샤Vaisya, 농민·상공인·일반 시민, 네 번째 계급이 약 77퍼센트를 차지하는 수드라Sudra, 노예란다. 수드라는 집안 청소나 하급 노동 등 모든 궂은일을 도맡아서 하는 육체노동자인데, 이 계급이 전체 인구의 77퍼센트를 차지하고 있다는 것이 바로 인도 사회의 암울한 내면을 말해주는 증거라 할 수 있어.

즉 23퍼센트의 상위 계층이 77퍼센트의 사람을 노예처럼 부리고 다스릴 수 있도록 만들어진 카스트제도는 가장 비인권적인 제도인 것이지. 하지만 수드라보다 더 아래 계급도 있어.

노예 계급보다 더 낮은 계급이 존재한다고요?

응. 바로 아웃 카스트Out Caste야. 어디에도 속하지 못한 이들, 인간 이하의 대접을 받는 이들, 즉 접근해서는 안 되는Untouchable 계급이 무려 2억 3000만 명에 달하지. 이들을 달리트Dalit 라고 불러. 간디가 이들도 신의 자손이니 모든 사람과 동등하다는 뜻으로 하리잔Harijan이라는 이름을 부여했지만, 그 의도는 실효를 거두지 못하고 달리트의 다른 표현으로 전락해버렸지. 또한 '카스트 아래의 카스트'라는 뜻으로 파리아Pariah, 즉 불가촉천민이라 부르기도 한단다.

인간 취급도 받지 못하는 사람들이라니……

불가촉천민은 다른 인도인과는 다르게 모든 종류의 고기를 먹는 것이 허용되는데, '불가촉천민은 이제 더 이상 타락할 수 없을 때까지 타락했고 더러울 수 없을 때까지 더러워진 저주받은 카스트'라는 인식이 인도인들의 머릿속에 깊이 박혀 있기 때문이란다.

또한 불가촉천민은 사회적으로뿐만 아니라 모든 것에서 격리 수용되고, 심지어는 그들이 사용하는 우물조차 격리되어 있는데 불가촉천민 전용 우물은 동물의 뼈로 그 주위를 둘러쌓아 표시해둬. 만약 불가촉천민이 다른 카스트, 심지어 최하위 계층인 수드라와 신체적으로 접촉하게 되면 큰 죄로 다스리는데, 심한 경우 이런 이유로 불가촉천민을 죽일 수도 있지.

아무리 계급이 있다고 해도, 접촉하는 것만으로 살인이 허용되는 것은 놀랍다 못해 화가 나요.

인도에는 2억 3000만 명의 사람들이 최소한의 인간 대접도 받지 못한 채 끼니를 구걸하며 길거리를 헤매고 있어. 인도의 초대 총리인 자와할랄 네루Jawaharlal Nehru는 제2차 세계대전 종전 후 무슬림과 결별하면서, 수천 년 동안 인도를 지배해온 비인간적 차별 제도인 카스트 제도를 없애겠다고 헌법에 명시했지만, 65년이 훨씬 지난 오늘까지도 별 효과를 보지 못하고 있는 것이 사실이야.

인도에도 가보셨는데 카스트제도를 몸소 느끼신 적은 없으세요?

물론 있다마다. 1988년 겨울 인도 남부도시인 첸나이에서 겪은 일이야. 그 지역 경찰 국장의 주선으로 브라만 가족의 자택에서 저녁식사를 하게 되었는데 가는 날이 장날이라고 그날따라 비가 주룩주룩 내렸어. 약속 시간에 맞춰 큰 대문에 들어서려는데, 열다섯 살쯤 되어 보이는 소녀가 비를 쫄딱 맞으며 서 있는 게 아니겠니. 얇은 사리가 흠뻑 젖어 있는 걸 보니 꽤 오랫동안 비를 맞은 듯했지. 영문을 몰라 나를 초대한 주인에게 이유를 물었는데, 그는 별일 아니라는 듯 웃으며 심부름하는 집사에게 "오늘은 기쁜 날이니 벌을 그만 세우도록 해."라고 말하더라고. 그러고는 나를 보며 "그 아이는 처를 시중드는 몸종 중 하나인데 처의 고귀한 사리를 밟았기 때문에 벌을 준 것입니다."라며 너털웃음을 짓는 거야. 나는 그 말도 안 되는 일 앞에서 그만

할 말을 잃고 말았단다.

세상에, 그 어린 아이가 얼마나 추웠을까요! 그럼 아까 말씀하신 다우리제도도 이만큼 불합리한 제도겠군요.

맞아. 인도에는 카스트제도와 더불어 또 하나의 비인권적 제도가 있는데, 바로 신부에게 지참금을 요구하는 다우리제도야. 인도에서는 결혼할 때 신부가 평생 먹고살 재산을 지참하고 가는 것이 오랜 관습으로 굳어 있어. 그런데 최근 한 뉴스에서 발표한 평균 지참금이 1만 8000파운드_{한화 약 3300만 원}라고 하니, 보통의 가난한 집안에서는 감당하기 힘든 거액이지.

돈이 없으면 결혼을 못 한다는 말이네요.

그냥 결혼을 못 하는 것으로 끝나면 그나마 다행일 거야. 하지만 이 때문에 가난한 사람들은 딸을 낳으면 죽이거나 버리고, 지참금을 넉넉히 준비하지 못한 신부가 시댁에서 가혹 행위에 시달리는 일도 비일비재하단다.

1961년부터는 지참금을 금지하는 법을 만들어 이를 어기는 사람에게 징역이나 벌금을 물리게 하고 있어. 하지만 워낙 오랜 풍습으로 자리잡고 있는 데다 정부의 관리도 철저하지 못해 제대로 지켜지지 않고 있단다. 이처럼 여성의 지위가 남자보다 낮고, 남자에게 종속되어 있다는 뿌리 깊은 관념은 인도의 앞날을 어둡게 하는 걸림돌이 되고 있어.

카스트제도와 다우리제도는 모두 반드시 없애야만 하는 제도임에 틀림없네요. 하지만 인도에 거주하는 외국인조차 카스트제도를 이용해 도우미를 부리는 것을 보면 참 답답해요.

그래. 요즈음에는 한국 기업의 주재원들이 인도에 많이 거주하고 있다고 해. 나와 오랫동안 친분을 쌓았던 인도인 친구 샘이 말하기를 첸나이에만도 약 6000명의 한국인이 살고 있다고 하더구나. 한국 식당도 많이 생겨서 가족들과 함께 한국 음식을 먹으러 자주 간다고 하기에 내심 기분이 좋았지. 하지만 한편으로는 혹시라도 한국인들이 필요 이상으로 많은 도우미를 두고 있지는 않을까 하는 우려가 스쳐갔던 것도 사실이야.

1980~1990년대에는 인도에 거주하는 일본인들이 많았어. 물론 주재원들이었지. 그때 만났던 일본인 주부들은 꼭 한 사람의 도우미만 쓰려고 노력한다고 말했어. 반면 뭄바이의 미국교회구호처 책임자인 K는 자신의 집에 운전수, 주방장, 경호원, 청소부 등 여섯 명의 하인이 있다며 자랑하듯 떠벌려서 듣는 사람들의 눈살을 찌푸리게 했던 적이 있어.

인권은 늘 우리 주위에서, 그리고 일상생활 속에서 실천되어야 함을 기억해야 한단다. 인도의 비인권적 제도는 내국인과 외국인이 함께 힘을 합해서 없애야 하는 공동의 과제란다.

/ 12 /

자연재해로 시들어가는 **방글라데시**

인도아대륙 중 한 곳이었던 방글라데시는 어떤가요? 세계 최빈국이라는 수식어가 따를 만큼 가난하지만 그에 반해 행복지수는 1위라는 기사를 본 적이 있어요.

방글라데시는 벵골족이 오랫동안 살고 있는 나라야. 나와 친분이 두터운 2006년 노벨평화상 수상자 무하마드 유누스Muhammad Yunus, 자세한 인물 소개 193쪽는 나에게 벵골족 중에는 자신을 포함하여 노벨문학상의 라빈드라나드 타고르Rabindranath Tagore, 노벨평화상의 테레사Theresa 수녀까지 세 명의 노벨상 수상자가 있다고 자랑하곤 했지.

방글라데시 사람들은 비록 가난하긴 하지만 영성만은 다른 종족에 뒤지지 않는다는 자부심을 가지고 있어. 아무리 힘이 들어도 인격

만큼은 꼭 지키려고 노력하는 나라가 방글라데시야.

하지만 파키스탄에서 독립한 후에도 많은 문제가 있었다고 알고 있어요.

　1757년 영국이 이 지역을 포함한 인도 전역의 지배권을 장악한 것은 알고 있지? 1947년 8월, 영국의 지배에서 벗어나자 인도는 힌두교도의 인도와 이슬람교도의 파키스탄으로 분리가 되었어. 그런데 상이한 종족과 언어는 무시한 채 종교만으로 나라를 나누다보니 인도를 사이에 두고 동파키스탄과 서파키스탄이 생기게 된 거야. 그러니 같은 파키스탄이라도 문제가 없을 수가 없었지. 게다가 서파키스탄인을 우위에 둔 차별정책은 이들의 갈등을 더욱 심화시켰고, 결국 라만Mujibur Rahman이 이끄는 아와미연맹이 독립운동을 전개하여 마침내 동파키스탄은 1971년 3월 26일 파키스탄에서 독립을 하게 된 거야. 그 나라가 바로 지금의 방글라데시지.

　라만은 방글라데시의 총리로 취임했다가 1975년 초대 대통령을 역임했단다. 하지만 같은 해 일어난 쿠데타로 피살되었지. 그 후로도 경제난과 부패, 정당 간 싸움으로 여러 차례의 쿠데타가 일어났고, 1990년대에 들어서야 민중 봉기로 민간 정부가 등장했어. 하지만 지금까지도 정치적 분쟁은 계속되고 있지.

방글라데시가 가난한 이유는 안정되지 않은 정치에서 찾을 수 있겠군요.

　그렇지. 게다가 방글라데시의 북쪽 국경이 미얀마와 인접해 있는

데, 그곳에서는 아직도 분쟁이 끊이지 않고 있단다. 그 지역을 치타공 힐 트랙Chittagong Hill Tracts, CHT이라고 불러.

치타공 힐 트랙은 토착 소수민족들과 방글라데시 정부의 갈등이 끊이지 않는 곳으로, 심지어 외국인 납치 사건도 빈번히 발생할 정도로 위험한 곳이야. 치타공 힐 트랙에 사는 소수 민족인 줌마족들은 불교를 신봉하기 때문에 독립 혹은 자치권을 주장하고 있어. 때문에 방글라데시 정부군이 이들을 감시하고 일반인들의 출입을 금지하고 있단다. 하지만 방글라데시가 가난한 원인이 이것만은 아니야. 가장 큰 문제는 따로 있지.

가장 큰 문제라뇨?

바로 기후야. 방글라데시는 몬순기후의 영향을 받는데, 이 몬순기후는 겨울에는 대륙에서 대양으로, 여름에는 대양에서 대륙으로 부는 계절풍이야. 여름에는 열대 해양기단으로 인해 고온다습하며 비가 많고, 겨울철에는 대륙기단으로 날씨가 춥고 맑은 날이 많지.

특히 방글라데시에는 5월부터 7월까지 엄청난 비가 내리는데, 이때 내리는 비는 대부분 홍수가 되어 수많은 이재민을 양산하고 있어. 몬순기후 때문이기도 하지만 기후온난화 현상이 낳은 인재이기도 해. 매년 반복되는 홍수 피해를 예방하기 위해서 외국의 원조 기구들은 약 10미터 높이의 기둥 네 개를 세운 뒤 그 위에 집을 짓는 등 방글라데시의 홍수 피해를 막기 위해 노력하고 있단다.

하지만 대피 공간만 짓는다고 해서 문제가 해결될 것 같지는 않아요. 우이현의 우물처럼 일시적인 방책에 불과하지 않은가요?

그렇지. 한 번 홍수가 나면 물이 빠져나가는 데에만 한 달 가량이 소요된단다. 그렇기 때문에 수백 명이 최소 1개월 이상 먹을 수 있는 비상식량을 저장하는 것도 큰 문제지.

방글라데시가 가난에서 벗어날 수 있도록 한국을 포함해 많은 NGO비정부기구가 활동 중이야. 방글라데시는 세계에서 가장 많은 NGO의 활동을 볼 수 있는 곳이기도 해. 가끔 NGO 활동 중에 몇몇 기독교 근본주의자들이 무슬림인 뱅골 사람들에게 전도를 하기도 하는데, 이것은 바람직하지 않은 태도야. 내가 믿는 종교가 소중하다면 다른 사람이 믿는 종교도 소중한 법이지. 이걸 잊지 말아야 해.

방글라데시는 필리핀과 더불어 선진국에 자국의 노동자를 가장 많이 공급하는 나라란다. 이 노동자들이 힘들게 벌어 송금한 돈이 나라 예산의 상당 부분을 차지하고 있는 실정이지. 한국에도 5만 명 이상의 방글라데시인이 외국인 노동자로 일하고 있어. 우리는 이들에게 늘 감사하는 마음을 가져야 해. 그리고 그들의 인격, 철학, 문학성을 배워야 한단다. 그들이 가난하다고 해서 그들이 갖고 있는 것까지 낮게 평가해서는 안 돼.

/ 13 /

정치적 혼돈에 빠진 **파키스탄**

방글라데시를 이야기하면서 잠깐 파키스탄을 언급하셨는데, 이곳은 참 전쟁이 많은 나라 같아요.

맞아. 파키스탄은 전쟁이 끊이지 않는 나라야. 특히 이슬람교를 국교로 선포하고 블라사미 법Blasamy Law을 적용하여 기독교를 비롯한 다른 종교를 탄압하고 있어. 심한 경우에는 다른 종교의 신자들을 사형에 처하기도 하지.

생각했던 것보다 종교로 인한 갈등이 심한 나라가 많네요. 파키스탄은 그것뿐만 아니라 독재로도 유명하죠.

그렇지. 파키스탄의 전 수상 페르베즈 무샤라프Pervez Musharraf는

1999년 10월 당시 육군 참모총장이자 군부 강경파의 핵심인물이었어. 그런데 스리랑카에서 귀국하는 도중 자신의 해임 소식을 듣게 된 거야. 무샤라프는 그 길로 군대를 이끌고 무혈 쿠데타를 일으켰고 8년 동안 독재자로서 권좌에 머물렀지. 계엄령 선포는 야당을 포함해서 자신에 반하는 지식인들과 학생들을 억압하는 수단이었어.

파키스탄이 위협적으로 느껴지는 것은 종교 갈등과 독재 등의 이유도 있지만 핵무기 보유 때문 아닌가요?

맞아. 핵무기는 굳이 예를 들지 않아도 그 위력이 얼마나 무시무시한지 우리는 잘 알고 있어. 그렇기 때문에 세계평화에도 큰 위협이 되고 있지.

파키스탄 주민들은 영국 식민지를 벗어나면 이전의 평화를 되찾을 수 있으리라 생각했을 거야. 그랬으니 그 긴 세월 동안 무력까지 사용해 독립을 위해 싸웠지. 하지만 결국 무력은 또 다른 무력을 불러오게 되었어. 국제사회에서 간디의 비폭력 평화운동을 다시 복원하려는 움직임을 보면서 인간의 아픈 역사가 반복된다는 느낌에 가끔씩 암담하단다.

그럼 파키스탄이 평화로 나아가기 위해 반드시 해결해야 할 문제는 무엇이 있을까요?

파키스탄은 지금 정치적인 소용돌이 속에서 갈팡질팡하고 있단다.

하지만 정치 말고도 해결해야 할 문제들이 많아.

첫째, 이슬람 근본주의자들의 과격한 움직임이야. 이들은 여러 종파로 나뉘어 있어서 수습하기가 곤란할 지경이지. 이들 대부분의 종파는 극단적으로 폭력을 사용해 자살테러, 암살 등을 일삼고 있단다. 이 소수의 과격파들 때문에 이슬람을 믿는 대다수의 온건파들이 피해를 보고 있지. 미꾸라지 한 마리가 강물을 흐린다는 말이 있듯이 선량한 사람들까지 잘못 인식시키고 있는 상황이 안타까워. 이슬람 과격파들을 어떤 식으로든 온건파로 만들어야 하는 것이 파키스탄의 가장 큰 숙제야.

둘째, 인도와의 관계야. 대부분 이슬람 과격파들의 횡포로 두 국가 간 평화가 깨지고 있는 실정이기에, 이들을 잘 이끌어서 인도와 평화로운 관계가 될 수 있도록 노력해야만 해.

셋째, 잦은 쿠데타로 인한 혼란이야. 이는 선군정책과 무관하지 않아. 육군사관학교를 졸업하면 죽을 때까지 권력을 휘두를 수 있는 이 제도는 많은 국민에게 환영받지 못하고 있음에도 여전히 유효해. 정치적 혼란의 대부분이 군인들의 잦은 쿠데타에서 기인하는데도 말이지……

넷째, 파키스탄 전역에 깔려 있는 부정부패야. 거의 모든 지도자가 부정부패에서 자유로울 수 없을 만큼 심각한 상황이야.

마지막으로 아동의 인권 문제야. 파키스탄은 세계에서 가장 고급스러운 카펫을 생산하는 나라지. 이 카펫 생산에는 다섯 살부터 열 살까지의 어린아이들이 동원되고 있어. 그들의 가냘픈 손끝에서 고급 카펫이 생산되고 있는 거야. 그렇기 때문에 유럽에서는 파키스탄에서 생산되는 고급 카펫 불매운동을 하기도 하지. 아동의 노동착취 문제는 파키스탄이 반드시 해결해야 할 과제야.

 물론 파키스탄이 가지고 있는 문제들이 한꺼번에 해결되리라고 생각하지는 않아. 그러기 위해서는 오랜 시간이 필요하겠지. 하지만 하나씩 해결해 나간다면 언젠가는 평화로운 나라가 되지 않을까?

/ 14 /

전쟁의 상처가 아물지 않은 **르완다**

아버지의 말씀을 듣다보니 세계 곳곳에서 참혹한 일들이 정말 많이 일어나고 있는 것 같아 가슴이 아파요.

나 역시 그렇단다. 많은 현장을 다니다보면, 세상에 어떻게 아직도 이런 나라가 있단 말인가, 어떻게 이렇게 비참한 삶이 있단 말인가, 하며 놀라는 일이 많아. 사람은 누구나 자기가 처한 환경만 보고 살기 때문에 밖으로 눈을 돌리거나 관심을 갖지 않으면 모두가 자기처럼 살고 있는 줄 알지. 아마 내가 다른 가난한 나라, 전쟁으로 황폐해진 나라에 가서 놀란 것도 그런 이유일 거야.

WCC에서 근무하는 동안, 나는 아시아의 여러 가난한 나라에 다녀봤단다. 네팔의 빈곤 현장, 방글라데시의 자연재해 현장, 북한의 기아 현장 등. 하지만 1995년 아프리카의 르완다에 가보고는, 그 어떤 자연재해나 가난보다 더 참혹하고 무서운 것이 전쟁이라는 걸 뼈저리게 느꼈단다.

전쟁은 태풍이나 가뭄 같은 자연재해보다 더 엄청난 힘으로 삶의 터전을 짓밟으며, 더 많은 목숨을 앗아가고, 더욱 심한 가난으로 사람들을 내몰기 때문이야. 더 끔찍한 것은 이 모든 만행이 사람이 사람을 향해 저지른 비극이라는 사실이지.

네. 전쟁을 직접 경험하지 않았지만 많은 매체를 통해 그 참혹함을 봐왔어요. 그런데 전쟁이 끊이지 않는 르완다엔 어떤 일로 가셨어요?

내가 방문했던 해는 약 40년간 이어졌던 르완다 내전이 막바지에 이르렀을 때였어. 하지만 1994년에 르완다 대통령이 타고 있던 비행기가 요격당하면서 다시 내전이 격화되었지. 100일 동안 약 80만 명이 학살되는 등 그 어느 때보다 처참한 상황이었어.

이 소식을 들은 '한국예수교장로회'에서 8만 5000달러를 모아 현지에 전달했고, 나에게 그 모금액이 잘 도착해 쓰이고 있는지를 알아봐달라고 부탁했지. 그즈음 한국, 일본, 홍콩의 교회들도 돈을 모금해 아프리카를 돕는 프로그램을 만들었고, 나 역시 협력을 많이 하고 있었어. 때문에 WCC 아프리카국 국장과 함께 1995년 가을 르완다의 수도 키갈리에 가게 된 거지.

사실, 우리에게 르완다는 다른 아프리카 나라와 비교했을 때 퍽 생소한 나라야. 1963년 우리나라와 수교를 맺었으나, 두 차례나 주재원 상주공관을 설치했다 철수하는 등 어려움을 겪었고, 1990년 이후로는 탄자니아 대사가 르완다의 업무를 겸임하고 있었어. 그래서 내전 소식을 전해 듣고 직접 가보기 전까지는 우리나라에 르완다의 상황이 정확히 전달되지 못했지.

직접 보니 어땠나요? 상황이 많이 안 좋았을 것 같아요.

키갈리에 도착한 나는 아연실색했어. 이런 곳이 세상에 또 있을까 라는 생각이 들었어. 그곳엔 황폐한 땅과 폐허밖에 없었지. 큰 눈망울에 스민 가난, 희망을 잃어버린 무표정한 얼굴들…….

전쟁의 상처는 여기저기에 널려 있었어. 부모를 잃은 고아들은 심각한 영양실조로 불룩한 배와 눈곱이 덕지덕지 낀 눈으로 힘없이 앉아 있었어. 거리 모퉁이에서 모유를 먹이는 어머니의 앙상한 뺨, 품 안에서 칭얼대는 갓난아기, 절룩이며 걷는 부상자들의 행렬, 그 사이를 활보하는 총을 멘 군인들……. 어느 하나 웃음을 선사하지 못하는 광경이었지.

그들을 보니 서구의 식민지 세력들이 미워졌어. 벨기에, 프랑스, 미국, 그리고 유엔까지 모두가 제 할 일을 하지 못한 결과를 르완다 국민이 고스란히 받고 있다는 생각이 들었거든. 특히 르완다의 두 부족인 후투족과 투치족이 이토록 끈질기고 치열하게 내전을 벌이게 된 배경에는 벨기에의 잘못된 식민정책이 있었어.

후투족과 투치족을 분리해서 통치한 정책을 말씀하시는 것이죠?

맞아. 르완다는 수단과 함께 식민지의 후유증을 아주 비참하게 경험한 나라야. 물론 아프리카의 많은 나라가 프랑스와 독일 및 영국의 식민지가 되어 고통을 당했지만 수단과 르완다는 특히 고난의 역사가 너무나 심했단다.

인구 약 1000만 명의 르완다는 우리나라의 경상북도보다 조금 큰 면적을 갖고 있는 나라야. 1899년에 이웃나라인 부룬디와 함께 독일의 식민지가 되어 동아프리카의 일부가 되었단다. 그러다 제1차 세계대전이 끝난 1918년부터는 벨기에가 르완다와 부룬디를 45년 동안 지배했지.

르완다에는 인구의 85퍼센트를 차지하는 토착부족인 후투족과 소수부족인 투치족이 있었는데, 벨기에는 소수부족인 투치족에게 온갖 특권을 보장해준 반면 후투족에는 과한 세금을 부과하는 등 차별정책을 펼쳐 두 부족을 철저히 분리해서 통치했어.

그런 통치를 통해 벨기에가 얻는 것은 무엇인가요?

차별정책을 이용해 서로를 증오하고 원망하게 만들어 분열시키려는 벨기에의 교묘한 식민정책이었지. 이것은 제국주의 국가의 상투적인 통치 수단이었어. 그 결과 투치족은 사회의 엘리트층을 형성하며 후투족을 멸시했고 당연히 후투족은 그들을 철저하게 증오하게 되었지.

식민지 시절의 잘못된 통치로 인해 분리된 관계가 계속 이어져 결국 전쟁이 되어버렸군요.

그렇지. 1950년대에 이르러 아프리카 식민지 나라들 사이에 독립의 기운이 감돌자, 사회 엘리트층인 투치족도 르완다의 독립을 요구했어. 그러자 벨기에는 반대로 후투족을 부추겨서 투치족을 공격하게 했던 거야.

이런 앙금이 남아 있는 상태로 1962년 르완다는 독립을 했고, 그 후에 실시된 총선에서 후투족이 정권을 잡음으로써, 45년 동안 자신들을 지배하고 외래 식민지의 앞잡이 노릇을 했던 투치족을 공개적으로 전멸시키겠다고 선포한 거야.

정권을 잡은 후투족의 독재와 보복이 시작되자 수많은 투치족이 해외로 도피했어. 하지만 그 후로도 정권을 되찾으려는 투치족의 간헐적인 공격은 계속됐어. 그러던 중 1973년 군부 쿠데타로 대통령이 된 후투족 쥐베날 하브자리마나 Juvénal Habyarimana 장군은, 후투족의 권력 독점을 투치족이 인정하게 하는 가혹한 조건으로 강제적인 억지 화해를 했는데, 그런 어정쩡한 화해 상태가 1990년까지 지속되었단다.

억지 화해라면 당연히 오래가지 못했겠죠.

물론이야. 당시 야당의 민주화 요구로 르완다의 국내 정치가 불안해지자, 그 기회를 틈타 해외 피난 중이던 투치족이 1990년 RPF르완다애국전선를 조직하여 우간다와 탄자니아를 거점으로 르완다를 침공했고,

3년간의 내전이 일어났지. 그것이 서로 죽이고 죽는 투치족과 후투족 간의 인종학살정책의 빌미가 되었어.

1993년 유엔이 개입해 양 부족 간의 공동정부를 출범시키고, 2500명의 UNAMIR 평화유지군을 파견했어. 그러나 정국의 불안은 계속되었고, 1994년 하브자리마나 대통령이 타고 있던 항공기가 미사일 공격을 받아 대통령이 사망하자, 후투족 정부군과 민병대는 복수를 위해 투치족을 대대적으로 학살하기 시작했지. 이것이 바로 1994년 4월부터 7월까지 약 3개월간 벌어진 르완다 대학살이야. 약 100일 동안 80만 명에서 100만 명이 살해됐는데, 이는 하루에 1만 명, 한 시간에 400명이 학살당했다는 뜻이니 얼마나 잔인한 일인지 상상이 되니? 실로 천인공노할 일이 아닐 수 없어.

국제사회에서는 그 어떤 움직임도 없었나요?

애석하게도 유엔은 제 역할을 하지 못했고, 이 갈등의 화해에 그래도 영향력을 행사할 수 있었던 미국, 프랑스, 벨기에 등도 방관으로 시간을 낭비하면서 잔인한 피의 복수극을 막지 못했어.

1998년 미국의 클린턴 행정부는 인종학살을 방치한 책임을 인정했고, 2000년 벨기에는 르완다 식민통치와 인종학살 외면에 대해 르완다 국민과 전 세계에 공식 사죄했지. 유엔 역시 학살을 막지 못한 잘못을 반성했어.

그러나 이미 학살당한 100만이 넘는 생명들은 어찌한단 말인가요……. 피의 소용돌이에서 벗어난 르완다의 현재 상황은 어떤가요?

지금도 내전은 국지전의 양상을 띠며 간혹 전개되고 있어. 하지만 유엔이 마련한 전범재판소에서 학살 주동자들과 가담자들의 재판이 이루어지고 있기에 큰 불안 요소는 없을 것으로 판단하고 있단다. 우리나라의 박선기 변호사도 전범재판소의 국제형사재판관으로 선출되어 2003년부터 활동했지만 후투족 강경파 피의자들이 너무 많아서 재판은 속력을 내지 못한 걸로 알고 있어. 그러자 르완다 정부가 그들의 전통적인 재판 제도에 따라, 피의자의 형량을 최대로 낮추어서 가해자와 피해자의 화해를 유도하고 서로 용서를 빌도록 하고 있지. 르완다 인구의 40퍼센트가 남편을 잃은 여성들인데, 여성이 가장이 되면서 화해가 빨리 이루어진다는 말도 있어.

내전과 학살의 아픈 기억을 딛고 르완다는 치유와 재건에 애쓰고 있단다. 여기에는 세계 여러 나라와 국제기구의 원조, 민간단체의 도움이 큰 몫을 했지. 우리나라 역시 이 재건에 더욱 동참해야 하겠지.

/
15
/

이데올로기의 허구를 보여준
캄보디아

앞서 말한 나라들은 영국, 프랑스, 벨기에 등 유럽 강대국의 식민지 기간을 거쳤죠. 유럽 강대국 하면 러시아를 빼놓을 수 없는데, 과거 소련의 식민 지배를 받은 나라는 어디인가요?

소련의 식민 지배를 받은 나라 중 대표적인 나라가 캄보디아와 몽골이지. 현대 역사에서 냉전시대는 제2차 세계대전이 끝나는 1945년부터 미하일 고르바초프Mikhail Gorbachev 대통령의 용단으로 소련 연방이 해체된 1990년까지 45년 동안 지속됐어. 그동안 캄보디아는 소련, 미국, 베트남 등의 식민 통치를 받은 나라란다. 캄보디아보다 더욱 길게 소련의 통치를 받은 나라는 몽골로, 75년 동안 통치를 받았지. 몽골에 출장을 가면 소련 통치의 심각성을 느낄 수 있단다.

소련은 아시아를 잔인할 정도로 통치했는데, 특히 몽골에서는 고유의 글자를 비롯하여 문화와 전통양식을 말살하고 소련의 것을 강제로 심었어. 냉전 기간 중 손을 뻗친 동독, 루마니아, 불가리아, 체코슬로바키아 등에서는 식민정책의 정도가 훨씬 덜했으니 서양과 동양에 대한 차별정책을 뼈저리게 느낄 수 있는 부분이지.

캄보디아는 출장으로 수십 번 방문한 경험이 있는데, 그곳에서 이데올로기의 허구를 확실히 느낄 수 있었단다.

이데올로기의 허구라니요?

나 같은 경우는 서커스 공연에서 그런 점을 느꼈단다. 1984년 봄 캄보디아의 수도 프놈펜에서 소련 서커스단의 묘기를 처음 관람했어. 2년이 지난 1986년에는 베트남의 하노이에서 다시 이 서커스단의 공연을 관람했지. 사회주의 국가에 출장을 가면 서커스 공연을 보는 것이 거의 의무적이야. 중국으로 출장을 가면 중국 서커스단의 묘기를, 평양으로 출장을 가면 북한 서커스단의 묘기를 봐야 하지. 가끔 같은 서커스를 두세 번 반복해서 보는 경우도 있단다.

서커스를 보는 것은 그렇게 유쾌한 경험이 아니야. 서커스 관람이 익숙하지 않은 이유도 있지만 마치 이데올로기를 선전하는 것 같아 거부감이 들기 때문이란다.

나는 예술이란 이데올로기를 전제로 하는 것이 아니라, 자율성에 의한 창조가 우선시되어야 한다고 알고 있어. 그래서 계획되지 않고 정치적 의도가 강제되지 않은 순수한 예술 작품이 감동을 주는 거야. 그런데 사회주의의 서커스, 연극, 합창, 음악회 등은 늘 사회주의 이데올로기라는 강제성이 자유라는 창작성을 침범하잖니. 해서 공연을 보면 씁쓸함만 남는단다.

서커스는 말로만 들었지 직접 보지는 못했어요. 관람객 대부분은 캄보디아인이었나요?

그렇지 않아. 그렇기 때문에 서커스 관람이 더욱 유쾌하지 않았던 거란다. 서커스를 처음으로 관람한 그날, 소나기가 지나간 늦은 오후의 프놈펜은 열대지방임에도 상쾌한 기온이었어. 하지만 거리 곳곳에는 굶주림에 허덕이는 가난한 사람들, 목발을 짚고 걷는 젊은이들이 많아 기분을 우울하게 했지.

캄보디아 정부 관계자와 함께 공연장에 들어섰어. 우선 홀에 앉아 있는 관중들의 옷차림이 눈에 띄었지. 앞자리를 차지하고 앉은 사람들은 대부분 소련인이었어. 당시 캄보디아는 베트남 점령하에 있었는데, 공산국가인 베트남의 우방국이 바로 소련이었고 그런 이유로 캄보디아에 주둔하고 있는 소련 군인들과 관료들이 가족과 함께 서커스 장을 찾은 거야. 나머지 관람객의 대부분은 베트남 사람들이었어. 그들은 현지인인 크메르족과는 외모부터 달라서, 오히려 중국인이나 한국인에 가까운 얼굴을 가지고 있지. 그리고 가족과 함께 온 현지인 관료들, 군인들도 눈에 띄었어.

밖에는 가난이 널려 있는데 이곳을 찾은 사람들은 가난과는 무관해 보였어. 유일무이한 문화 나들이에 모두들 치장을 하고 점잖게 앉아 있는 모습들이었지. 특히 소련 사람들의 거만함과 너스레는 눈살을 찌푸리게 했단다.

서커스 공연 자체는 어땠어요? 나라마다 특색이 있었나요?

두 시간 동안의 서커스단 공연은 뒷맛을 씁쓸하게 했어. 마지막에 레닌 깃발을 달고 달리는 기수의 묘기는 이데올로기가 최고로 점철된 공연이었지. 소련이 강대국임을 아주 완벽하게 보여준 마지막 장면인 거야. 나를 서커스 장까지 인도한 관리들이 공연이 어땠느냐고 물었지만 나는 아무런 말도 할 수가 없었단다.

평양 인민문화회관의 피바다 공연이나 소년궁전의 어린이 공연 그리고 북한 국경일마다 하는 합창 공연을 관람할 때도 같은 느낌을 받았어. 합창의 화음은 멋있지만 사회주의 주체사상의 이데올로기가 내용 전체에 묻어 있어서 늘 뒷맛이 개운하지 않았지. 문화를 이데올로기의 수단으로 이용하는 것은 한계가 있다는 사실을 사회주의국가의 공연을 볼 때마다 똑같이 느꼈단다.

공연이 끝난 일곱 시에 프놈펜의 유일한 호텔에서 저녁 만찬이 벌어졌는데, 호텔 밖의 가난과는 너무도 대비되는 풍부한 만찬자리였어. 역시 그곳에도 점령군인 베트남 관리들과 소련 사람들이 있었고 그들 중 많은 사람이 공연장에서 만난 사람들이었어. 캄보디아인은 우리를 접대하는 사람 외에는 없었지.

결국 이데올로기의 허구라는 것은 말만 번지르르할 뿐 기득권만 배부르고 국민은 가난 속에 살아가는 것을 말하는 거네요.

그래, 맞아. 공산주의 이론을 만들어낸 마르크스Karl Heinrich Marx는 1843년 반정부적인 내용의 글을 썼다는 이유로 《라인신문Die Rheinsche Zeitung》의 주필 직에서 쫓겨났고, 1848년 독일의 압력을 피해서 상대적으로 자유로웠던 영국 런던으로 가 친구 엥겔스Friedrich Engels와 함께 《자본론Das Kapital, Kritik der politischen Oeconomie》을 출간하여 공산주의를 세계에 선포했어. 책 속에서 그는 '노동귀족labour aristocracy'이라는 용어를 쓰면서 사회주의가 무르익으면 노동귀족이 나타나 사회를 좀먹는다며 다시 혁명을 일으켜야 한다고 했지. 그러나 그의 책과는 반대로 사회주의국가 어디를 가나 집권층이 부를 독점하고 있기에 다수의 국민은 가난에 허덕이고 있어.

그들이 늘 이야기했던 인민의 행복은 찾을 수 없고 소수의 권력층만 호화생활을 즐기는 모습에 마르크스의 이론은 결국 허구였음이 증명된 거지. 마르크스가 그렸던 유토피아가 실현된 나라는 하나도 없어.

이제 프놈펜에서 소련 서커스단의 공연을 볼 수 없겠지만, 만약 다시 볼 수 있다면 자유를 바탕으로 창작되어 관중의 심금을 울리는, 레닌의 깃발을 찾아볼 수 없는 공연이지 않을까?

/ 16 /

핵실험의 희생양이 된
타히티

캄보디아도 이제 식민 지배에서 벗어났으니 자유와 인권을 되찾아가겠죠?

그러길 바라고 있지. 다행히도 과거에는 식민 지배를 받는 나라가 많았는데, 현재는 그 수가 많이 줄었어. 앞에서 말한 티베트도 하루빨리 독립을 해야 할 텐데……. 혹시 남태평양의 작은 섬 타히티를 알고 있니?

네. 남태평양의 대표적인 휴양지죠. 아직까지 프랑스의 식민지라고 알고 있어요.

맞아. 나는 타히티를 세 번 방문했어. 화가 고갱 Paul Gauguin 이 말년에 타히티에 머무르면서 아낌없는 찬사를 보냈을 정도로 정말 환상적인 섬이었지.

17세기 유럽인이 타히티 섬을 발견하고 그 아름다움에 매료되어 '남해의 낙원', '비너스의 섬'이라고 불렀단다. 길에는 화려하고 높은 야자수가 가득하고 물속에는 고기떼들이 자유롭게 수영하는 남태평양 진주의 섬이 바로 타히티야.

하지만 이렇게 아름다운 섬이 식민 지배에서 자유롭지 못하단다. 프랑스가 아직도 타히티와 뉴칼레도니아를 자국의 식민지로 묶어두고 있거든. 그중 타히티는 1844년 프랑스에 의해 왕조가 멸망하면서 식민지로 전락했고 원주민의 대다수가 육지에서 옮겨온 질병으로 사망했어. 현재는 프랑스 정부의 개발로 남태평양의 유명한 관광지가 되었지.

타히티 국민들의 독립운동 소식은 못 들어봤어요.

타히티 사람들은 하루빨리 독립을 해야 한다는 사람들과 이미 프랑스 식민지가 익숙하기 때문에 독립을 원하지 않는 사람들로 나뉜단다. WCC 태평양국의 국장인 존 둠 John T. Doom 박사는 아직도 프랑스 식민지인 자신의 조국 타히티를 위해 활동하고 있어. 그가 말하기를, 독립보다 현재가 더 좋다는 타히티 국민의 비율이 약간 더 높아서 독립에 어려움이 있다고 해. 하지만 이는 프랑스의 고도의 시세조종행위 manipulation 때문이라고 비난했지.

시세조종행위라면, 프랑스가 타히티 국민들을 상대로 눈속임을 한다는 말인가요?

그런 뜻이지. 프랑스는 타히티를 자국의 영토로 편입시킨 이후 섬 전체에 현대적인 리조트를 지어서 세계적인 관광지로 만들었어. 하지만 타히티에서 얼마 떨어지지 않은 해저에서는 핵실험을 했지. 이때 프랑스 정부는 핵실험에 동의하면 경제적 원조는 물론 일자리를 제공해주겠다는 감언이설로 섬 주민들을 설득했어. 아름다운 자연을 파괴하고 타히티 주민의 안전을 빼앗는 행위라는 걸 철저히 숨기면서 말이다.

프랑스 영토가 된 이후 원주민으로는 처음으로 2004년 6월 대통령에 취임한 오스카 테마루Oscar Temaru는 독립을 주장했단다. 하지만 2006년 6월 26일 제2회 프랑스 오세아니아 정상회의 때, 프랑스의 자크 시라크Jacques Chirac 대통령은 대부분의 타히티 주민들이 독립을 바라지 않는다며 그의 말을 일축했지.

지금도 핵실험이 진행되고 있나요?

아니. 프랑스는 1980년대부터 1990년대 중반까지 태평양 해저에서 핵실험을 했어. 그때 존 둠 박사는 타히티에서 태어난 아기 중 기형아의 비율이 높은 이유가 프랑스의 핵실험 때문이라며 핵실험을 반드시 막아야 한다고 주장했지.

당시 타히티 섬 주민들의 반응은 어땠나요?

반핵 시위는 물론 자유와 독립을 요구하는 운동이 곳곳에서 일어났어. 1991년 수도 파페에테에서 시위대와 헌병대의 충돌이 일어나기도 했고, 1995년 핵실험에 반발한 주민들이 대규모 시위대를 조직해 타히티 국제공항과 파페에테에 있는 경찰서를 습격, 투석과 방화를 하는 등 전례 없는 격렬한 폭력 시위가 일어나기도 했지.

반핵 운동은 타히티에서만 일어난 게 아니야. 남태평양의 섬들, 폴리네시아Polynesia, 오세아니아 동쪽 해역에 분포하는 수천 개 섬들의 총칭 주민들도 여기에 동참했어.

국제기구도 가만있지 않았을 것 같아요.

그럼. 존 둠 박사와 나는 당시 유엔 건물 앞에서 대대적인 핵실험 반대 데모를 하자는 데 의견을 모았단다. 스위스 제네바에는 국제기구가 많아서 하루에도 몇 번이나 데모가 일어났지.

핵실험 반대를 위한 156명의 중앙위원과 직원, 그리고 청년 인턴들까지 약 500명이 WCC 정문을 통과해 유엔 광장 앞까지 약 10분 정도 행진하고 성명서를 낭독한 후 유엔 군축위원회Disarmament Committee에 전달하는 간단한 항의 데모였지만, 거쳐야 할 산이 많았어.

우선 직원 간부회의와 중앙위원회의 준비위원회에서 이 안건을 통과시켜야 했고 사무총장실을 거쳐 중앙위원의 찬성도 얻어야 했어. 더군다나 데모를 해보지 않은 중앙위원들이 대부분이라 그들을 집결시키는 게 여간 어려운 일이 아니었지.

  데모에 대한 반대의 목소리가 들릴 때마다 프랑스의 핵실험으로 태평양 섬나라들의 아기가 기형아로 태어난다고 호소했어. 이 호소를 거부한 사람은 없었단다. 다행히 우리의 데모는 성공했고 프랑스는 유감을 표하며 핵실험을 중단했어.

/
17
/

아시아의 횡포로 고통받는
솔로몬제도

반핵 운동 외에도 존 둠 박사님과 많은 일을 했다고 제게 자주 말씀하셨죠.

존 둠 박사는 아시아의 부자 나라, 특히 한국, 일본, 중국, 말레이시아 등이 태평양의 작은 섬들에 많은 잘못을 저질렀으니 WCC 아시아국과 태평양국이 함께 일해야 한다고 늘 이야기해왔단다. 그래서 난 그와 함께 상당히 많은 태평양의 나라를 방문했는데, 그중 1994년 8월 솔로몬제도를 방문했던 것이 기억에 남는구나.

솔로몬제도는 제2차 세계대전 중 미국, 영국, 일본이 치열하게 전투를 벌였던 지역으로 유명하지. 영국은 솔로몬제도를 제2차 세계대전이 끝난 후에도 계속 통치하다가, 1978년이 되어서야 철수했어. 하지만 솔로몬제도는 완전한 독립을 보장받지 못했어. 때문에 오늘까지도 엘리자베스 여왕 2세가 국가원수고, 최근에야 솔로몬제도 태생의 총리가 선출된 나라야.

아시아의 부자 나라가 남태평양의 작은 섬에 잘못을 저질렀다는 것은 어떤 일을 말씀하시는 건가요?

한국과 일본, 말레이시아 등의 기업들은 남태평양의 섬에서 원목을 무참히 베어 간다든지, 원양어선을 끌고 들어가 참치와 다랑어 등을 싹쓸이했어. 아…… 그러고보니 존 둠 박사가 한 이야기가 생각나는구나.

파리와 제네바를 오가는 테제베에서 그가 왜 인간은 평화롭게 사는 것을 싫어할까, 라는 질문을 던지면서 우리는 많은 이야기를 나누었단다. 이야기를 하면서 박사는 우리나라에 대한 이야기를 슬그머니 꺼냈어. 한국의 사기꾼 일당이 작은 섬나라 통가의 왕실 가족에게 사기를 쳐 많은 금품을 훔쳤다는 거야. 내가 믿지 못하겠다는 눈빛을 보내자 다음 날 태평양의 섬나라에서 발행하는 신문을 보여줬는데, 그 신문에는 한국인 사기집단을 주의하라는 기사가 실려 있었지. 나는 한국인으로서 너무 부끄러웠어.

그럼 솔로몬제도에 방문한 목적도 아시아의 많은 나라가 저지르고 있는 잘못 때문이었나요?

그렇다고 볼 수 있지. 우리는 피지를 경유해 솔로몬제도의 수도인

호니아라로 건너간 후 약 두 시간 동안 비행기를 타고 문다 섬에 도착했어. WCC의 중앙위원인 비숍 티치 Bishop Titchi가 문다 섬에 있는 일본 대양회사의 참치 통조림 공장을 방문해달라고 요청했거든. 공장에서 일하는 젊은 여성 노동자들의 근로 조건이 너무 열악하다며 일본대양회사에게 ILO와 WTO 세계 보건기구가 인정하는 수준의 위생과 복지, 노동 조건을 준수하도록 경고해달라는 청원이었어. 당시 나는 ILO에 자문을 해주고 있었던지라 더욱 호기심이 발동했지.

그런 청원이 올 정도의 공장을 직접 보니 어떠셨어요?
　근무 환경이 정말 열악했어. 참치 공장에서 일하는 아이들은 평균 12세에서 18세의 소녀들이었는데, 매일 새벽 네 시에 일어나서 배를 타고 와야 출근시간인 여덟 시를 맞출 수 있었지.
　그것보다 더한 문제는 이 소녀들이 참치의 뼈를 가려내는 일을 하는데, 작업할 때 장갑을 낄 수가 없다는 점이야. 왜냐하면 장갑을 낀 손으로는 작은 뼈들을 가려내기가 어렵거든. 숨겨진 참치 뼈가 통조림에 들어가면 큰일나기 때문에 맨손으로 작업을 해야 한다는 거야. 작업을 하다가 뼈에 손이 찔려 피가 나는 것은 일상이 되었다고 해. 소녀들의 손을 보니 참담하기 그지없었지.

우리들이 먹는 참치 통조림이 어린 소녀들의 희생으로 만들어진 것이네요.
　응. 나도 그 현장을 보고 아무 생각 없이 참치를 먹던 내 자신이 한

심하고 부끄럽게 느껴졌단다. 그런데 문제는 그뿐만이 아니었어. 일본인 공장장의 안내로 공장을 둘러봤는데 선풍기가 멈춰 있었지. 바람이 불면 통조림의 질이 떨어지기 때문에 아무리 더운 날에도 선풍기를 틀지 않는다는 거야.

푹푹 찌는 공장에서 참치 뼈에 손을 찔려가며 일하는 소녀들을 보고 있자니 속이 많이 상했어. 열악한 환경 속에서도 해맑게 웃고 있는 소녀들의 얼굴은 내 마음을 더욱 아프게 했지.

그래서 참치 통조림 공장의 문제는 해결되었나요?

제네바에 도착하자마자 나는 일본 도쿄의 NCC 총무에게 전화를 걸어, 일본대양회사의 인권 유린을 낱낱이 보고하고 사진도 함께 보냈지. 며칠 후 일본의 교회들을 동원한 NCC는 기자회견을 열어 이 사실을 알렸고, 오사카 본사에서 항의 데모를 하는 등 문제 해결을 위해 다각도로 노력했어. 결국 약 3개월 후 이 회사가 근로 조건을 많이 개선했다는 보고를 받게 되었지.

개선이 됐다니 정말 다행이에요.

참치 통조림 공장을 본 후 우린 다시 벌목 현장으로 출장을 갔어. 모터를 단 긴 배는 한 시간 동안 물 위를 질주했어. 배 위에서 보는 벌목 현장은 광활하고도 잔인했단다. 말레이시아의 크레인과 거대한 톱이 쉴 새 없이 나무를 베어내고 있었어.

그 현장을 보는 순간 한국 기업도 저들처럼 무참히 벌목하고 있지는 않을까 걱정이 되었어. 그래서 현지 공무원에게 한국 기업의 벌목 현장은 어디 있냐고 물었지. 현지 공무원은 내 질문의 의도를 읽었는지 한국의 벌목 기업은 모범적이라고 먼저 말한 후, 이곳에서 벌목하고 있지만 그 열 배 이상의 묘목을 10년째 심고 있으며 이익의 상당 부분을 현지인의 복지를 위해 재투자하고 있다고 설명했어. 일본의 참치 통조림 공장과 말레이시아의 벌목 회사가 자국의 이익을 위해 다른 나라의 노동자를 착취하고 자연을 무참히 훼손하는 것에 비하면 한국 기업은 실로 모범적이었지. 내심 뿌듯했단다.

그 한국 기업이 어디였어요?

'이건산업'이라는 기업이야. WCC의 일을 마치고 한국으로 완전 귀국한 후 솔로몬제도에서 찬사를 받은 이건산업의 박영주 회장을 당시 프랑스 대사를 역임한 주철기 대사의 소개로 만났단다. 그날 한국의 세계적인 모범 기업인을 만나게 되어 아주 기뻤어.

이건산업은 칠레와 중국 단둥에 현지 공장을 가지고 있었어. 나는 2002년 10월 인권대사 자격으로 중국에 탈북자 정책을 협의하러 갔을 때, 잠시 짬을 내 단둥의 공장을 견학했었단다. 그 공장 역시 노사 간의 화합이 잘 되어 있었고, 이윤을 다시 사회에 환원하는 등 기업의 사회적 책임을 실천하고 있었어. 한국인으로서의 긍지와 뿌듯함을 느꼈던 기억이 나는구나.

기업이 이익을 얻으면 당연히 사회에 환원해야 해. 왜냐하면 기업이 이익을 얻는 데에는 그 사회의 역할이 크기 때문이지. 크게 보면 기업이지만, 작게 보면 개인도 여기에 해당할 수 있어. 내가 이익을 얻었다면 그것은 주변의 도움이 함께했기 때문이야. 얻은 만큼 늘 감사해하고 다른 사람을 위해 봉사해야 한다는 걸 잊어서는 안 돼.

함께 사는 사회를 위해

/ 18 /

먹구름이 가득한 **동북아시아의 미래**

아버지는 인권 문제 외에도 동북아시아의 평화 운동에 매진하고 계시잖아요. 그런데 최근 한국, 일본, 중국의 관계가 무서울 정도로 어두워져서 걱정이 많으시겠어요.

맞아. 세 나라의 가장 큰 문제는 역시 제대로 청산되지 못한 과거사지. 역사는 다음 세대를 위해 정확히 해석되어야 해. 물론 잘못한 것이 있다면 뉘우치는 게 마땅하고.

독일과 프랑스만 보더라도 왜 우리가 역사를 바로잡아야 하는지 충분히 알 수 있지. 독일의 콘라트 아데나워 Konrad Adenauer 총리는 프랑스의 샤를르 드골 Charles De Gaulle 대통령에게 독일이 자행한 전쟁 범죄에 대해 용서를 구하며 화해를 청했어. 결국 두 나라는 적대관계를 청산하고 협력의 새 시대를 열었지.

그리고 약 600년 동안 유럽 대륙의 헤게모니를 둘러싸고 엎치락뒤치락한 피의 역사를 화해와 협력이라는 메시지로 풀어낸 1971년 노벨 평화상 수상자 빌리 브란트Willy Brandt, 자세한 인물 소개 194쪽 독일 총리는 히틀러의 만행을 진심으로 속죄했어. 폴란드를 방문해 수많은 유태인이 학살당한 것을 추모하는 위령탑 앞에서 무릎 꿇고 사죄하던 그의 사진은 아직까지도 많은 사람의 가슴을 뭉클하게 만든단다.

독일은 제2차 세계대전 후 거의 모든 정치인들이 회개하고 화해하자는 제스처를 보여줬어. 이런 정치인들과 그들을 지도자로 뽑은 독일인이 있기에 지금의 독일이 유럽연합에서 지도력을 발휘하며 다른 회원국의 지지를 받는 거란다.

그건 현재의 한국과 일본의 상황을 두고 하시는 말씀이시죠?

그렇단다. 한국과 일본의 관계가 전혀 예상 밖으로 나아가고 있어서 답답한 마음이야. 독일과 프랑스는 역사교과서를 공동으로 만들어 제2차 세계대전과 같은 비극이 다시는 되풀이되어서는 안 된다는 걸 유럽 청소년들에게 가르치고 있어.

유럽연합은 약 5500만 명의 무고한 생명을 앗아간 제2차 세계대전을 교훈 삼아 국경을 초월한 협력관계를 유지하기 위해 만들어진 조합이야. 평화와 화해를 바탕으로 건강한 미래를 만들자는 국가 연합이지. 아직 가입하지 않은 몇몇 나라도 있지만 중요한 조약에는 이 나라들도 참여하고 있어서, 유럽은 하나의 나라가 되어가고 있단다. 하지만 아시아는 서로 싸우고만 있어. 함께 힘을 합쳐도 부족한 마당에…….

맞아요. 어쩌다가 아시아가 이렇게 된 걸까요.

한국, 일본, 중국의 사이가 좋지 않은 것에는 일본의 책임이 커. 우선 중국의 경우만 살펴봐도 그렇단다.

제2차 세계대전 전후의 역사, 그중 1937년 12월부터 약 2개월간 일어난 난징 대학살을 되짚어보자꾸나. 잘 알려진 대로 당시 중지나방면군中支那方面軍 사령관 마쓰이 이와네松井石根 대장이 이끄는 일본군 5만 명이 중국인 포로와 일반 시민을 대상으로 약탈과 강간, 살인을 자행한 사건이 바로 난징 대학살이야. 기록에는 12만 9000명의 양민이 학살됐다고 하지만 사실상 30만 명 이상이 학살당했다고 해.

당시 하얼빈에 주둔했던 악명 높은 일본군 731부대는 전쟁 포로나 구속된 사람 3000여 명을 세균실험, 약물실험의 대상으로 삼아 한 해 평균 600명을 잔인하게 살해했지. 포로들 대부분은 중국인, 몽골인, 한국인 들이었어.

최근 네덜란드의 제2차 세계대전 피해자 조사위원회는 당시 자신들의 식민지였던 인도네시아를 언급하며 14만 명이 일본군의 피해자라고 공표했어. 1942년부터 일본이 패망한 1945년까지 아시아 거의 대부분의 나라들은 일본군의 피해자라고 말을 하지. 왜 일본은 역사의 증거를 앞에 두고도 독일처럼 속 시원하게 회개하지 않는 것일까?

우리나라도 일본에게 피해를 입은 건 마찬가지란다. 우리나라는 1945년 분단이 되기 전까지 조선시대로 519년간 통일된 나라였어. 우리의 못난 점도 있었겠지만 36년간 지속된 일본의 식민통치가 한반도 분단에 많은 책임이 있다는 것을 부정할 수는 없어.

일본은 1875년 일본군함 운요호를 강화도로 보내 우리나라를 침략했고 1876년 불평등조약을 체결했어. 1894년에는 동학농민혁명을 핑계 삼아서 조선 황제의 집무실인 경복궁을 강제로 점거했고, 조선이 청나라에 도움을 요청하자 청일전쟁을 일으켰지. 1895년 청일전쟁에서 일본이 승리하자 고종은 러시아에 도움을 요청했어. 그러자 일본은 또다시 러일전쟁을 일으켰고 1905년에 승리했어. 그리고 같은 해 미국은 필리핀을, 일본은 한반도를 식민지화한다는 가쓰라-태프트 밀약을 미국과 체결해. 당시에는 비밀에 부쳐졌지만, 이 비밀 합의는 1923년에 세상에 알려졌지. 일본은 이에 그치지 않고 매국노 이완용을 동원해 을사늑약을 체결했고 1910년 8월 22일, 한일합병조약을 내세워 한반도를 일본의 속국으로 만들었어.

그 후 일본은 1941년 하와이 진주만을 습격하며 제2차 세계대전에 참여했지만 1945년 미국의 원자폭탄 투하로 항복하게 돼.

모든 전쟁은 비극이에요.

맞아. 비인간적인 모든 불의가 너무나 당연하게 일어나니까. 그중에서도 약자인 여성과 어린이에게 가해지는 인권 유린은 절대로 용납

될 수 없어. 한국을 포함한 아시아, 심지어 서양의 여성까지 성의 노예로 삼은 일본군의 만행은 사죄받아 마땅한 일이지. 하지만 일본의 정치인들은 아직까지 "증거가 없다."라는 망언을 일삼고 있으니 경악을 금치 못할 일이야.

WCC 아시아국은 1985년부터 10년 동안 일본군 위안부 할머니들과 여성 지도자들을 제네바에 있는 유엔 인권위원회에 초청했었어. 일본군의 만행을 폭로하는 이 프로그램을 내가 직접 책임지고 도왔었지. 이 과정에 일본의 유명한 변호사들도 함께 동참하며 자국의 죄악을 폭로하기도 했단다.

그래도 과거를 진심으로 사죄하는 일본의 지식인들을 보면 작은 희망이 보이는 것 같아요.

한국과 일본은 OECD 회원국이야. OECD 국가는 경제, 문화, 인권, 도덕, 윤리 등을 기본으로 갖추어야 하지. 회원 가이드라인에는 '강하게 Stronger, 깨끗하게 Cleaner, 투명하게 Transparent'라는 지침이 있어. 한국과 일본은 '강한 경제'로 선망받고 있단다. 하지만 '깨끗하게, 투명하게'라는 지침은 서구 여러 나라들에 뒤처져 있어. 한국은 부정부패 때문에, 일본은 전범국가임에도 회개할 줄 모르는 뻔뻔한 국가 인격 때문에 발목이 잡히고 있지.

일본이 독일처럼 제2차 세계대전의 만행을 회개하고 사죄하면 경제 선진국인 동시에 윤리와 도덕의 선진국이 될 수 있을 거야.

아시아도 유럽연합처럼 똘똘 뭉치는 날이 올까요?

그럼, 희망을 가져야지. 유럽연합은 1957년 독일, 프랑스, 이탈리아, 베네룩스 3국벨기에·네덜란드·룩셈부르크 등 총 여섯 나라로 시작되었어. 하지만 55년이 지난 지금 유럽의 많은 나라가 가입하여 수십 개의 나라가 마치 한 나라처럼 살아가고 있지. 민주주의와 시장경제를 실천하고 있다면 유럽의 어느 나라라도 가입할 자격이 있어. 터키가 아직도 가입하지 못한 이유는 민주주의, 즉 인권 문제가 해결되지 않았기 때문이야.

정치제도가 서로 다른 동북아시아가 연합하는 건 유럽에 비해 어려울 수 있어. 하지만 전쟁과 갈등을 해소하는 데는 평화와 화해밖에 없지. 이런 공동체를 형성하기 위해서는 일본과 중국의 역할이 아주 중요해. 특히 약소국의 존경을 받기 위해서는 과거에 대한 회개가 필수조건이지.

/
19
/

여성 인권을 위해 노력하는
시린 에바디

앞에서 어느 사회든 약자들의 인권은 지켜져야 한다고 말씀하셨는데 그렇지 않은 나라가 참 많아요.

맞아. 상황이 나빠질수록 약자의 인권은 유린되기 쉽단다. 그중 대표적인 약자가 바로 여성과 아동이지. 예전에 만났던 시린 에바디 Shirin Ebadi, 자세한 인물 소개 195쪽 여사도 여성의 인권을 위해 항상 노력한 사람 중 하나야.

무슬림 여성 최초로 노벨평화상을 수상한 분이죠.

그래. 에바디 여사는 우리에게 페르시아라는 이름으로 잘 알려진 나라, 이란에서 태어났어. 100여 개국 이상을 다녀본 나에게도 이란은 낯설었지. 이집트, 수단, 에티오피아, 아랍에미리트는 두 번 이상 방문했지만 이란은 기회가 없어 가보지 못했단다.

나도 시린 에바디 여사를 만나기 전까지는 그녀가 여성 변호사로 활동하며 여성과 어린이, 반체제 인사 등을 위한 인권운동에 헌신해 2003년 노벨평화상을 수상했다는 정도만 알고 있었어.

직접 만난 건 언제였어요?

2009년 어느 여름 장충동 경동교회에서 시린 에바디 여사를 처음 만났어. 그녀가 AJA아시아기자협회 초청으로 한국을 방문했는데 그중 천주교, 기독교, 불교 등의 종교시설을 방문하는 일정이 있었던 거야. 시린 에바디 여사는 그날 경동교회를 찾아 '종교 간의 평화와 화해'라는 주제로 강연했어. 한국에서 이슬람교도가 기독교 교회에서 강연하는 것은 내가 알기론 처음 있는 일이었지.

강연 후에 따로 만나셨어요?

강연이 끝난 뒤 AJA의 간부가 나와 그녀의 만남을 주선해주었단다. 시린 에바디 여사는 큰 눈동자에 선량함이 가득 담긴 순박한 인상이었어. 여사의 일정이 무척 빡빡했기 때문에 우리는 간단한 인사만 나눌 수 있었는데, 그 자리에서 나는 내가 일하고 있는 평화학연구소에 그녀를 초청하고 싶다고 말했지. 그녀는 흔쾌히 내 제안을 받아들였고 이듬해 가을 다시 한국을 방문하겠다는 답을 주었단다.

이란의 여성 인권 상태는 어떤가요?

한 예를 이야기해줄게. 이란에서 17세 소녀가 세 명의 청년에게 강간당한 후 살해되었는데, 그중 한 명은 자살했고 나머지 두 명이 유죄 판결을 받은 후 사형을 선고받았어. 하지만 아이러니하게도 이란의 전통법에 따라 두 청년의 목숨 값을 소녀의 가족이 물어줘야 하는 일이 발생했지. 남자의 목숨 값이 여성보다 두 배나 비쌌기 때문에 이 소녀의 가족은 풍비박산이 날 지경이었고, 이 변호를 에바디 여사가 맡았는데 결국 미결로 남았지. 이란 사회가 얼마나 가부장적이고 종교를 가장한 인권 탄압이 얼마나 비일비재하게 벌어지고 있는지를 보여주는 사건이야.

이란 사회의 여성 인권 문제는 정말 심각하네요. 참, 에바디 여사와의 약속은 이루어졌나요?

에바디 여사는 2009년 대선을 앞두고 마흐무드 아흐마디네자드Mahmoud Ahmadinejad 대통령의 재선에 반대하는 시위에 연루되어 체포 위협을 받자 이란을 떠났어. 안타깝게도 그해 이란 대선에서는 보수파인 아흐마디네자드가 재선에 성공했고, 그녀에게 직접적인 탄압이 가해져 11월에는 노벨평화상을 압수당했지. 게다가 12월에는 그녀의 자매와 남편이 체포되었다더구나.

하지만 이런 어려움을 뒤로하고 해외를 떠돌며 이란 정부의 언론 탄압과 대선 이후의 소요 사태를 알리느라 고단한 처지임에도 에바디 여사는 2010년 9월, 나와의 약속을 지키기 위해 다시 한국을 찾았단다. 물론 우리 연구소에서 진행하는 세계 수준의 연구 중심 대학 육성 사업에 참석하는 것이 방문 목적이었지만, 이때는 특별히 강원도 화천군 방문 일정이 포함되어 있었어.

당시 정갑철 화천군수는 평화의 댐을 '평화의 공원'으로 조성하고 있었는데, 그곳에 노벨평화상 수상자들의 손 조각상을 만들어 방문객들이 악수를 나눌 수 있도록 하고 있었어. 그런 연유로 에바디 여사가 화천군에 꼭 들러주었으면 좋겠다는 청이 있었지. 강원도 비무장지대와 접한 지역에서 평화를 위해 애쓰고 있다는 소식을 들으니 뭔가 뭉클했어. 그래서 바로 에바디 여사에게 연락해 한국 일정을 하루 더 늘려달라고 부탁했지.

이 일정 덕에 에바디 여사와 나는 참 많은 이야기를 나눌 수 있었단다. 프로그램을 마친 뒤 휴식시간까지 쪼개가며 나눈 이야기를 통해 나는 이란의 현실과 에바디 여사의 숭고한 인권 운동에 대해 더 많은 것을 알게 되었고, 또 많은 감동을 받았어.

주로 어떤 대화를 나누셨어요?

주로 여성 인권에 대한 거였지. 그녀는 이렇게 말했어.

"나는 아버지의 영향을 많이 받고 자랐습니다. 내가 중학교 다닐 때 법학 교수였던 아버지는 '이란에는 여성 재판관이 없어 남자들이 모든 여성의 문제를 심판하니 불공평한 상황이다. 더군다나 법이 형평

성을 잃고 남성 위주로 만들어졌다. 이런 부조리를 바로잡기 위해서라도 너는 여자 판사가 되어라.'라는 말씀을 늘 하셨어요.

나는 이 말씀에 영향을 받아 열심히 공부했고, 판사 시험에 합격해 우리나라 최초의 여성 판사가 되었습니다. 그 후 내 뒤를 따라 총 여덟 명의 여성 판사가 나왔지요. 그런데 판사로 8년째 근무할 무렵 이란에서는 이슬람 근본주의가 판을 치며 호메이니Ayatollah Ruhollah Khomeini를 중심으로 한 보수 바람이 다시 휘몰아쳤고, 그들이 우리 여성 판사들을 모두 판사직에서 쫓아냈습니다. 여성은 감정적인 존재여서 판사직에 부적절하며, 합리적으로 법을 판단할 능력이 부족하다는 이유였어요. 또한 여성이 어찌 남성을 재판할 수 있느냐 하는 것이었지요.

나는 그 후 우여곡절 끝에 변호사로 직업을 바꾸어 여성 인권을 위해 앞장서게 되었습니다. 남성은 합법적으로 네 명의 부인을 거느릴 수 있는데 여성이 한눈을 팔면 돌에 맞아 죽는 사회가 정상입니까? 남성이 그어놓은 도덕성에 맞추어 일생을 살아야 하는 여성의 불평등을 생각해보셨어요?"

에바디 여사가 또 다른 이야기는 하지 않았나요?

이화여대 평화학연구소에서 강연할 때 에바디 여사는 여성의 인권뿐만 아니라 이란의 비핵화에 대해서도 이야기했지.

"저를 초청해주신 박경서 교수님께 우선 감사드립니다. 다음은 한국 정부와 국민들에게 경의를 표합니다. 한국이 최근 이란 독재정권에 압박을 가하고 핵의 확산을 막기 위해 미국과 함께 이란 정부에 금융제재를 해주신 것에 감사드립니다."라고 말했어.

나는 이 강연을 들으면서 이란이 우리에게 보복성 경제제재를 가할 수 있다는 우려만 부각시키는 한국의 기사가 떠올랐단다. 우리의 제재로 인해 이란 국민이 독재정권에서 벗어나 자유와 민주주의로 나아갈 수 있다는 기사는 없고, 경제적 측면에서만 기사가 다루어졌다는 생각에 씁쓸했지. 경제보다 인권이 우선시되어야 하는데, 아직까지 그러지 못한 것 같아 침울해지기까지 했단다.

그녀는 화천군의 여자 중고등학교 여학생 600명 앞에서 열변을 토하여 많은 여학생들의 환호를 받기도 했어.

"여러분, 저도 여러분과 비슷한 나이의 딸이 있는 어머니입니다. 저는 여러분 나이에 이미 여자 변호사를 꿈꾸었습니다. 세계 어디를 가나 약간의 차이는 있지만 여성의 지위는 남성에 비해 열악합니다. 우리 모두가 힘을 합해, 그리고 깨어 있는 남성들과 손을 잡고 남녀가 평등하고 즐겁게 살 수 있는 민주주의를 위해 노력합시다."

화천군이 대접한 닭갈비집에서 맛있게 음식을 먹던 그녀는 남편과 아이들도 이런 음식을 좋아한다며 그들이 많이 보고 싶다는 얘기도 잊지 않았어. 평범한 주부와 어머니로서의 면모도 보여줬던 게 퍽 인상적이었지.

/
20
/

반드시 풀어야 할 문제, 위안부

여성 인권에 대해 이야기하면 절대 빠질 수 없는 문제가 바로 일본군 위안부 문제죠.

맞아. 위안부 문제는 하루빨리 해결돼야만 해. 지금도 매주 수요일이면 일본 대사관 앞에서 일본의 사죄를 받아내기 위해 노력하는 할머니들과 여성 인권 운동가들을 만날 수 있어.

내가 스위스에 있을 때도 위안부 문제를 해결하기 위한 데모가 종종 일어났었지. 제2차 세계대전 때 일본군에게 끌려가서 성 노예로 인권 유린을 당한 이 사건은 반드시 해결되어야만 해.

위안부 문제가 해결되지 않는 것은 일본의 불분명한 태도 때문인데, 국제기구에 이 문제를 상정할 수는 없나요?

그게…… 문제가 좀 있단다.

최근 한국의 여성단체와 시민단체는 위안부 문제를 국제노동기구, 즉 ILO의 국제 규약인 '강제 노동 규약'에 저촉되는 문제로 접근하고 있어. 이 규약은 1930년에 채택된 조약으로 가장 중요한 인권 규약 중 하나이고, 노예 제도 폐지를 시작으로 만들어졌어. 내용을 보면 여성의 강제 노동을 금지하고 가해자에 대한 보상과 형사 처분에 대해 명확히 규정하고 있어. 한국 노동조합들의 끈질긴 설득 끝에 세계 노조들의 동조를 받아 위안부 문제가 강제 노동에 관한 의제로 정식 채택되었지. 그러나 아직 위안부 문제를 ILO 총회에 상정하지는 못했어.

왜요?

우리나라는 1991년에 ILO 회원국으로 가입했어. ILO는 노동 기본권인 결사의 자유, 단결권, 단체 교섭권, 강제 근로 폐지, 고용 평등에 대한 최소한의 국제 기준을 설정하여 회원국에게 여덟 가지 기본 협약을 권고하고 있거든. 그런데 우리나라는 이중 네 개 협약의 비준을 미루고 있지.

좀 더 자세히 말씀해주세요.

우리나라는 취업 최저 연령, 가혹한 아동 노동 철폐, 남성과 여성 노동자의 동등한 보수, 고용 및 직업에 대한 차별 대우에 관한 협약에 가입했어. 아직 가입하지 못하고 있는 협약은 결사의 자유 및 단결권 보호, 단결권 및 단체 교섭권 원칙의 적용, 강제 노동, 강제 노동 폐지에 관한 협약이지. 그런데 위안부 문제는 강제 노동 폐지에 관한 협약과 관계가 있어.

아직 한국이 강제 노동 폐지에 관한 협약에 가입하지 못한 특별한 이유라도 있나요?

바로 한국에만 유일하게 있는 '전경' 제도 때문이야. 전경이 군대의 의무 대신 전투 경찰로 근무하며 데모 진압에 투입이 되는 것은 알고 있지?

ILO는 우리 정부에게 강제 노동 금지 폐지에 위배되는 전·의경 제도를 폐지하라고 여러 차례 권고했어. 하지만 데모 진압을 위해 아직 폐지하지 못했지. 전·의경 제도가 폐지되지 않는 이상 강제 노동 폐지에 관한 협약에 가입하기는 힘들어. 여기에 가입하지 않으면 당연히 위안부 문제를 ILO에 상정할 수도 없지.

또 이 협약에 가입하지 못하는 이유는 파업에 있어. 현재 사법부에서는 노동자의 파업을 업무 방해죄로 판결하는데, 이게 또 문제가 되는 거야. ILO는 노동에 자발성이 있느냐, 없느냐로 강제 노동을 규정하거든. 자발적 파업을 처벌하게 되면 강제 노동 규약에 위배되는 것이지. 이런 문제들로 일본이 우리에게 저질렀던 강제 징용과 위안부 문제를 국제기구에 상정하지 못하고 있는 거야. 그리고 또 중요한 문제점이 하나 있단다.

어떤 문제가 또 남았나요?

알다시피 한국은 1965년부터 1975년까지 베트남 전쟁에 참가했어. 당시 우리 군인들은 일본이 우리에게 저질렀던 위안부 문제와는 조금 다르지만, 베트남 여성들의 인권을 유린한 만행을 저질렀어. 한동안 한국인 아버지를 둔 베트남 고아들이 많다는 기사도 나왔지. 일본과 달리 김대중 전 대통령은 베트남 수상에게 사죄의 의미로 유감을 표했지만 여전히 피해를 받았던 베트남인들의 눈길은 싸늘해.

위안부 문제를 해결하기 위해서는 국내 문제부터 해결해야겠군요.

그렇지. ILO에 위안부 문제를 상정하기 전에 일본 정부에서 자발적으로 사죄한다면 문제는 원만히 해결될 수도 있겠지. 하지만 요즘 일본 정치를 보면 그것을 바랄 수는 없겠더구나. 그러나 너를 도와준 히라타 목사를 비롯하여 일본의 많은 사람이 위안부 문제 해결에 적극적이니 희망이 아예 없는 건 아니야.

무엇보다도 우리나라가 강제 노동과 베트남 전쟁 등의 문제를 빨리 해결해야만 해. 본인의 문제는 해결하지 못하면서 상대방에게 문제 해결을 요구하는 것은 어불성설이니까.

그리고 계속 말하는 것이지만 인권은 남의 입장에서 바라보는 눈을 가져야만 진정으로 지킬 수 있는 거야. 우리나라 여성이 위안부 문제로 고통받은 것은 사실이지. 그리고 베트남 여성이 우리나라로 인해 고통받은 것 또한 사실이야. 이처럼 다른 사람의 인권을 존중하지 않으면 그 피해는 자신에게 돌아오는 거란다.

/ 21 /

혹독한 기아의 희생자, **북한 아이들**

인권 이야기를 할 때 북한 이야기도 빼놓을 수가 없죠.

우리나라 역사 중 가장 아픈 부분이 바로 분단의 상처지. 지금까지도 남한과 북한이 전혀 다른 정치 노선을 걷고 있어서 마음이 너무 아프단다. 특히 북한에 굶고 있는 사람들이 많다는 기사를 볼 때면 더욱 안타깝지. 2012년 9월 11일 미국 하원이 북한 고아 입양 촉진 법안을 통과시켜 상원에도 동일 법안이 제출되었다는 기사를 봤는데, 순간 1998년 어린이 인권에 대해 내가 작성했던 보고서가 떠올랐어.

북한 어린이에 대한 보고서였나요?

맞아. 나는 1998년 9월 23일부터 10월 16일까지 북한 가정을 대상으로 영양실태를 조사했어. 이 조사는 WFP 유엔세계식량계획, 유니세프, 유럽연합 그리고 북한의 인민공화국 정무원과 공동으로 조사한 것으로 분단 후 최초의 신빙성 있는 조사였지.

현재 북한 땅은 아홉 개의 도와 세 개의 직할시 그리고 212개 군의 행정조직으로 이루어져 있어. 그중 함경남북도, 강원도, 평양남북도, 남포시, 황해남북도, 양강도, 자강도, 평양시, 개성시 등의 3600개 가정에서 생후 6개월부터 아홉 살까지의 어린이들을 무작위로 표본 추출하여 실시한 조사였지. 외국인 한 명, 북한 사람 네 명보건 종사자 2인·통역 1인·운전수 1인이 한 팀으로 구성된 열네 개의 조사팀이 나이와 키, 나이와 몸무게, 몸무게와 키의 상관관계를 조사했어. 나는 WCC 아시아 국장으로서 WFP와 공동으로 북한에 인도주의 원조를 책임지고 있었기에 WCC 평양 주재 책임자를 조사팀에 합류시켰단다.

이 조사를 통해 생후 6개월부터 일곱 살까지의 어린이 62퍼센트가 영양실조로 인해 고통받고 있으며 그중 대다수의 어린이들이 발육부진, 뇌 발달 장애, 전염병, 설사병, 위장병으로 고생하고 있다는 것을 알게 되었지. 심각한 건 12개월 된 영아의 30퍼센트가 영양실조 상태였다는 거야. 뇌 기능이 가장 왕성하게 발달하는 12개월 전후의 영양실조는 상당히 위험한데 말이지.

당시 WFP 아시아 국장 주디스 쳉 홉킨스 Judith Cheng Hopkins 가 조사 결과를 발표할 때 "북한 어린이는 서서히 굶어 죽고 있다."라고 말했어. 같은 기구의 수석 보좌관 칸토나 압테 Kantona Apte 영양학 박사도

"미래의 북한 어린이들은 키가 아주 작고 정신발육이 비정상적일 것이며 지금 무슨 대책을 쓴다 한들 이미 늦었다."라는 서글프고 비참한 얘기를 했어. 나는 이미 여러 차례 북한에 출장을 다니면서 북한 어린이 건강의 심각성을 예견하고는 있었지만, 이처럼 심각한 줄은 미처 몰랐다고 보고서에 적었었지.

국제적십자사의 방문단장 스텐 슈베드룬트 Sten Swedlund 박사도 북한에서 자체조사를 실시한 후 "우리 적십자사가 일하고 있는 840개의 병원 식수를 조사했는데 어느 한 곳도 사람이 먹을 수 있는 물을 공급하고 있지 않았다. 그럼에도 다른 방도가 없기에 환자를 포함한 모두가 이 물을 마실 수밖에 없었다."라고 말했어. 그야말로 아주 기본적인 인권조차 누릴 수 없는 상황이었던 거야.

북한은 식량 문제뿐 아니라 질병에도 노출되어 있잖아요.

맞아. 조사에서 특히 두드러진 현상은 굶어서 나타나는 합병증이었어. 게다가 부적합한 식수로 인해 많은 사람이 장기적으로 설사병에 시달리고 있었고 대용식품으로 인한 장기 소화불량, 위장병 등 수많은 질병을 안고 살아가고 있었지. 북한에서는 감자와 옥수수 속대 또는 콩 줄기와 볏짚, 약초 등을 같이 빻아서 만든 국수나 빵처럼 만들어 말린 것을 대용식품으로 먹고 있었는데, 이것을 꾸준히 먹으면 2, 3년 후 많은 질환이 나타나. 하지만 그에 대한 대책은 마련되어 있지 않았어.

생각보다 더 심각하네요.

앞서 말한 영양실태 조사 대상이었던 1800명 중 도시와 농촌의 어린이 16퍼센트가 발육부진이었는데, 이런 수치는 아시아 국가들 중 인도나 방글라데시와 같은 수준이며 전 세계 10위 안에 드는 수치야. 어린이 발육부진이 가장 낮게 나타나는 아프리카의 몇몇 나라의 수치가 18퍼센트 정도니까 아주 심각한 거지.

칸토나 압테 박사는 "북한 어린이들의 영양실조는 수단이나 방글라데시보다 더욱 심각하다. 그런 나라의 경우는 일부 지역, 즉 전쟁 지역이나 홍수 지역 등에 기아 문제가 한정되어 있어 굶주리는 어린이들은 부자들이 사는 지역으로 가 구걸이라도 할 수 있지만, 북한의 경우는 국가 전반적인 현상이기 때문에 그렇게 할 수도 없다. 수단이나 에티오피아에서는 발육이 부진한 아이들을 병원에 보내고 있지만 북한은 정상아 취급을 한다. 의사들조차 영양실조로 인한 발육부진아에 대해 둔감한 것이다."라고 했어.

WCC 아시아국 직원들을 포함한 국제기구 직원들은 북한 어린이들의 발육 상태를 세계 평균 어린이에 비하여 3, 4세 낮게 보고 있어. 수많은 아이들이 기아로, 기아에 관련된 합병증으로 죽어가고 있단다.

가슴이 참 아파요. 아이들도 많이 굶고 있지만 어른들도 배고픔에 허덕이고 있으니 버려지는 아이들도 많을 것 같아요.

맞아. 북한에는 고아도 많아. 하지만 북한의 고아는 자유민주주의 사회에서 일반적으로 적용하는 고아의 개념을 적용할 수 없어. 통상적으로 고아란, 전쟁 또는 불가피한 이유로 인해 부모를 잃고 의지할 곳 없는 아이를 말하는데, 북한에서는 사회 및 정치체제 때문에 고아가 생긴 거니까.

처음부터 북한 아동이 굶었던 것은 아니라면서요.

30년 전만 해도 이렇지 않았지. 1985년의 어느 날, 파리에서 누가 나를 찾아왔단다. 그는 북한의 외교관 김정규 국장이라고 자신을 소개했어. 김정규 국장은 유네스코의 외교관으로, 비서와 함께 김정일 주석이 보낸 초청장을 가지고 나를 찾아온 거야. 그는 WCC가 캄보디아, 라오스, 베트남에 지난 3년 동안 원조를 해준 것을 알고 있으며 북한에도 원조를 부탁한다고 말했지. 김일성 주석이 보낸 초청장에도 북한에 원조를 부탁한다는 내용이 적혀 있었어.

그렇게 해서 난 북한을 방문하게 되었고 그것이 1988년 6월이었어. 그 당시만 해도 남한 사람이 북한에 간다는 것은 꿈도 못 꿀 일이었지만 WCC가 많은 나라에 인도주의 원조를 하고 있고 우리나라도 한국전쟁 이후에 WCC의 원조를 많이 받았기 때문에 어렵사리 남한 정부의 허락을 받아낼 수 있었던 거야.

그 후 1999년 말까지 26회 이상 북한을 방문했단다. 내가 본 바로는 1990년까지의 북한은 지금 같지 않았어. 당시의 동독과 버금가는 모습으로 예전 동유럽의 나라들보다 풍요로워 보였지. 평양은 물론이고 함흥, 원산, 해주 등지에서도 같은 느낌을 받았어. 그러나 오늘의 북한은 참담한 모습이야. 이는 1991년 소련의 붕괴에서 비롯되었다고 볼 수 있어.

좀 더 자세히 이야기해주세요.

소련과 중국은 북한이 필요로 하는 식량, 기름, 비료 등의 주공급원이었어. 하지만 이들 우방국이 변화를 맞이하면서 북한에도 큰 영향을 미쳤지. 물물교환 방식의 사회주의 거래가 금융통화 화폐로 대치되었기 때문이야.

게다가 1994년 10월 황해남북도 지역은 때아닌 우박으로 많은 피해를 입었어. 그 피해가 채 회복되기도 전에 발생한 1995년의 대홍수는 520만 명 이상의 이재민을 낳았단다. 나는 1995년 11월 황해북도의 우박 피해 지역을 직접 목격했고, 1996년 3월 홍수 지역을 돌아다니며 그 참담함을 직접 눈으로 보았어. 1996년 8월 초에 닥친 제2차 홍수로 간신히 복구해놓은 댐들이 다시 파괴되었고, 1997년에는 약 10만 헥타르의 농토가 해일로 인해 소금물로 덮였단다.

결국 지금 북한의 '고난의 행군 북한에서 사용되는 말'은 1991년 소련 붕괴 후에 일어난 여러 가지 구조적 원인에 더하여 자연재해까지 겹쳐진 심각한 상황을 말하는 거지.

지난 세월 동안 이 황폐한 북한의 상황은 조금도 나아지거나 복구되지 못했어. 결국 국가와 가정이 북한의 어린이들을 고아로 만들어버린 거지. 계속된 빈곤과 굶주림을 피해 간신히 국내외로 도망친 아이들과 청소년들을 통틀어 북한의 21세기형 고아들이라고 한단다. 이들은 북한 체제가 만들어낸 고아들이야.

　북한을 탈출하여 중국과 동남아시아를 떠돌아다니는 수십만의 고아들, 그리고 탈북 여성이 강제 결혼으로 낳은 고아들, 한국에 왔지만 북한에 두고 온 가족과 자본주의에 적응하지 못해 아직도 정착하지 못한 수천 명의 고아들……. 우리는 그들을 보살펴야 할 책임이 있어. 그들 모두를 대상으로 한 장기적인 해결 프로그램을 만들어야 해. 이것이 인권을 생각하는 사람들의 사고란다.

최근 북한 어린이들에 대한 조사가 다시 이뤄졌다고 들었어요. 상황이 좀 나아졌나요?

　그 조사는 2011년 유니세프가 진행한 것인데 역시나 북한 어린이들은 다른 나라 어린이들에 비해 키는 9센티미터, 몸무게는 14킬로그램이나 모자라다는 결과가 나왔어. 상황이 점점 더 악화되고 있는 거야.

　통일이 되면 남북의 어린아이들은 나란히 어깨동무를 해야 하는데, 한쪽은 비만이고 다른 한쪽은 너무 왜소해 함께 설 수 없을까 두렵구나. 우리나라의 미래를 위해서라도 북한 고아들의 치유에 앞장서야 해.

물론이죠. 참, 북한 어린이들을 위한 국제기구들의 움직임은 없었나요?

2009년 유엔 아동권리위원회는 한국과 북한 모두 조약기구의 당사국임을 감안하여 위원회 최종 권고안에 다음과 같이 촉구했어.

"위원회는 당사국에 사회적 서비스 지원과 모든 가족에 대한 보조가 제공될 수 있도록 충분한 재원을 분배할 것을 강력히 권고한다. 이는 아동들이 보호시설에 위탁되는 것을 최후의 수단이 되도록 하기 위한 것이다. 위원회는 당사국에 고아원 제도를 보다 강화하고, 그중에서도 수양가족의 수를 증가시키는 공공 프로그램을 운영하여 충분한 재정 및 재원들을 제공할 것을 권고한다."

또 유엔 사회권규약위원회는 2003년 권고안 20항과 41항에서 다음과 같이 권고했지.

"위원회는 북한 정부의 고아들에 대한 사회·교육 정책이 고아들을 고립된 환경에 놓이게 하고 결국 이들을 사회적으로 배제시킨다는 점에 유의하고 있다. 위원회는 고아에게 대안을 제공하고 이들이 정규 교육제도에 포함될 수 있도록 노력할 것을 요청한다."

앞에서 말했듯이 2012년 9월 11일 미국 하원은 북한 고아 미국 입양 촉진 법안을 만장일치로 통과시켰고 현재 상원의 인준을 기다리고 있어. 이 법안은 수천 명의 아동이 겪고 있는 질병, 영양실조, 학대, 착취, 교육 결여 등 최악의 상태를 통감하며 통과된 법안이란다.

/ 22 /

가난과 무관심으로
거리로 내몰린 아이들

북한에 많이 다녀오셨는데 북한 아이들을 실제로 보니 어떠셨어요?

1997년 신의주에서 북한 아이들을 실제로 보고 마음이 너무 아팠단다. 그런데 가난으로 상처받고 있는 아이는 북한에만 있는 것이 아니야. WCC에서 일하는 동안 인도의 NGO와 지역 교회들을 통해서 뭄바이의 빈민촌에 무상원조를 하고 있었기 때문에 거의 매해 인도를 방문했어.

앞서 말했듯 인도는 영국의 식민지였고, 뭄바이는 영국이 인도를 지배하기 위해 최초로 정착한 곳이야. 그래서 영국이 300년간 남긴 식민지 흔적을 곳곳에서 볼 수 있지. 뭄바이는 수도 뉴델리 못지않게 상업적으로 활발한 도시지만 분주한 도시의 얼굴 뒤에는 세계적으로 가장 넓고 광대한 빈민촌이 숨겨져 있단다.

맞아요. 뭄바이의 빈민촌은 아주 유명하죠. 가난의 역사도 오래되었다고 알고 있어요.

　뭄바이의 어린아이들은 하루 종일 거리를 방황하며 외국 관광객들에게 구걸해. 초등학교에서 즐겁게 학교생활을 해야 할 수천 명의 아이들이 방황하는 것을 보면서 어떻게 하면 이것을 멈출 수 있을까, 어떻게 하면 이 아이들이 사람답게 살 수 있을까 고민했어. 빈민 교회를 운영하는 목사는 시 당국도 방관하고 있어 손쓸 도리가 없다고 말했지.
　빈민촌의 아이들은 어른들의 무관심과 가난으로 학교에 갈 엄두도 내지 못하고 있었어. 더욱 안타까웠던 것은 이 어린이들의 대부분이 여자아이라는 사실이야. 그래도 남자아이는 학교를 가야 한다고 생각하는 부모가 많기 때문에 거리의 남자아이는 줄어들고 있었지만 여자아이의 수는 계속 증가하고 있었지.

아이들의 불행은 가난보다 어른들의 무관심이 만드는 것 같아요.

　그렇지. 이런 거리의 아이들은 비단 뭄바이에만 있는 것이 아니야. 남미의 브라질, 아르헨티나, 칠레 등의 대도시에서도 거리의 아이들이 떼를 지어 몰려다는 것을 쉽게 볼 수 있지. 주로 책, 껌, 담배, 초콜릿 등을 가지고 다니면서 너무나 당연하게 구걸하는 아이들을 보면 어안이 벙벙해진단다. 더욱 놀라운 점은 아무도 이들을 보호해주지 않는다는 점이야. 어른의 무관심으로 방치된 채 거리를 방황하며 구걸하는 모습을 보면 가슴이 답답해지곤 했어.

WCC 라틴아메리카국의 국장인 칠레의 여성 지도자 마르타 팔마 Marta Palma 여사는 각 나라의 교회와 NGO 그리고 지방 자치에서 합동하여 거리의 아이들을 교육시키고 선도할 수 있는 프로그램을 만들자고 주장했어. 그래야 아이들이 가정과 학교로 돌아갈 수 있다고. 하지만 아이들이 거리의 생활에 너무 익숙해져 있어서 그녀가 말한 프로그램은 성공하지 못했어.

아무리 그래도 거리의 생활에 어떻게 익숙해질 수 있겠어요?

나도 처음에는 그렇게 생각했어. 1995년 브라질 살바도르에서 4박 5일 동안의 회의를 끝내고 각각 두 사람씩 짝을 이뤄 거리의 아이들을 살펴보기로 했지. 나는 라틴아메리카국의 비서인 산드라 Sandra Denice 여사와 함께 거리로 나갔어. 열두 살 정도로 보이는 한 소녀가 우리에게 책을 사라며 가지고 있던 책을 내밀었지. 나는 그 책을 사면서 왜 학교에 가지 않고 이곳에 있냐고 물어봤어. 그러자 소녀는 해맑게 웃으며 그저 공부가 싫다고 답한 후 자리를 떠났단다.

가난과 무관심이 아이들을 거리로 내몰았지만 아이들도 거리의 생활에 만족하고 있다는 역설적인 사실을 두 눈으로 직접 목격했어. 뭄바이에 있는 거리의 소녀들도 남미와 상황이 비슷해. 신의주에서 북한 아이들을 직접 봤다고 했지? 그때 그 아이들의 모습은 남미와 뭄바이의 아이들보다 더욱 남루했어.

그때의 상황을 좀 더 이야기해주세요.

　북한을 방문하면 누구나 행동에 제한을 받지. 가장 큰 예로 방문객의 여권을 북한에서 보관해. 허락된 장소 외에는 자유롭게 돌아다닐 수 없다는 뜻이지. 실제로 자신이 머무는 호텔에서 나와 산책을 할 수도 없게 만드는 게 북한의 사회주의 체제야. 나도 예외는 아니었지만, 북한을 여러 번 방문했고 상당히 많은 인도주의 원조를 진행했기 때문에 어느 정도 행동의 자유를 인정받았어.

　그 덕에 평양에서 신의주로 이동을 할 때는 기차를 타볼 수 있었어. 승용차보다 기차가 빠른 이유도 있지만 북한 기차를 꼭 타보고 싶었거든. 오전 아홉 시에 평양을 떠난 기차는 약 세 시간을 달려 신의주에 도착했지. 북한에서는 중국인과 일부 관광객을 제외하고는 쉽게 기차 여행을 할 수 없어.

　우리는 열차의 맨 마지막 칸에 탔는데 마지막 칸은 관광객을 위한 칸으로 깔끔하게 잘 꾸며져 있었어. 이때 함께 간 미국 NCC의 빅터 슈 Victor Hsu 교수현 KDI 외래교수가 나에게 조용히 말을 걸었어. 일반 칸을 타면 북한의 실상을 더욱 자세히 볼 수 있으니 자리를 옮길 수 있도록 수행원에게 부탁해달라고.

　내가 난색을 표하자 홍콩 NCC의 필립 램 Philip Lam 박사도 나를 조르기 시작했어. 나는 어쩔 수 없이 수행원에게 일반 칸으로 옮겨달라고 부탁했지. 그들은 일반 칸이 너무 불편하다며 펄쩍 뛰었지만 나는 세 시간 정도는 괜찮다고 말하면서 강경하게 부탁했어. 하지만 옮기자마자 후회가 밀려왔어. 일반 칸에는 유리창이 없어서 석탄재가 그대로 안으로 들어왔거든. 칸을 이동한 지 30분도 안 돼서 빅터 슈 교수와 내 눈은 무섭게 부어올랐어. 신의주에 도착할 때는 도저히 앞을 볼 수 없을 정도가 되었지.

신의주에 항생제가 없어서 다음 날 옆 도시에서 사 온 항생제를 맞으며 예정보다 사흘을 더 머물렀어. 바로 그때 가난과 배고픔에 못 이겨 길거리를 방황하는 북한의 아이들을 목격한 거란다.

그들과 이야기도 나눠보셨어요?

그러지는 못했단다. 나흘째 되던 날 일찍 잠이 깨어 호텔을 나와 홀로 거리를 걷다가 길모퉁이에서 10여 명의 남자아이들을 만났지. 아주 추운 날씨에 누더기만 걸치고 오들오들 떨고 있던 아이들은 세수도 제대로 하지 못해 얼굴이 꼬질꼬질했어. 그 아이들을 보니 몇 년 전 뭄바이와 살바도르에서 만난 거리의 아이들이 떠올랐지. 옆으로 살며시 다가가서 물끄러미 아이들을 바라봤어. 아이들은 나를 보고는 중국인이라는 둥 일본인이라는 둥 실랑이하더니 곧이어 쓰레기더미를 뒤지기 시작했어. 신의주에는 중국 관광객들이 많이 오기 때문에 그들이 먹다 남긴 음식 쓰레기가 많았거든.

가난이 아침 일찍 이 어린아이들을 거리로 내몰았던 거야. 어린

아이들이 겪는 비극을 다른 곳도 아닌 우리의 민족이 살고 있는 북한에서 목격했음에도 아무것도 할 수 없었던 나의 초라함에 그저 탄식만 할 수밖에 없었어. 그 후 귀국하여 북한에 대한 인도주의 원조를 배로 늘렸지.

인권을 침탈당하기 가장 쉬운 사람들은 바로 여성과 어린이야. 특히 어린이들의 인권은 우리의 미래를 위해서라도 반드시 지켜져야만 해. 그래서 유엔총회는 1959년 11월 아동권리선언을 발표했고 우리나라도 1959년 어린이헌장을 만들어 그해 5월 5일을 어린이날로 선포한 거야.

하지만 가슴 아프게도 내가 돌아본 현장에서는 이 어린이헌장이 아무 소용이 없었어. 그 원인이 분단에 있다는 생각에 마음이 아팠단다.

/ 23 /

함께 지켜가야 하는
장애인 인권

앞으로 인권 수호를 위해 해결해야 할 문제들이 아주 많다는 것을 새삼 깨닫고 있어요. 그 인권을 지키기 위해 많은 희생이 따른다는 것도요.

맞아. 가치 있는 일에는 희생이 따르기 마련이지. 그러고보니 떠오르는 일이 있구나.

2002년 여름의 어느 날, 국가인권위원회 위원장실이 있는 13층을 장애인들이 휠체어로 점령한 적이 있어. 그래서 국가인권위원회의 업무가 19일 동안 부분 마비가 됐었지.

국가인권위원회에서 억울한 사람들의 시위는 자주 일어났지만 한 층을 완전 점거당하는 일은 드물었어. 얼마나 절박했으면 이런 점거 시위를 할까 생각하면서도 한편으로는 시간이 길어질수록 업무를 볼 수 없어 답답했던 것도 사실이야.

　5일째, 난 점거당한 방으로 들어가 이러지 말고 순리적으로 해결하자고 말했어. 그러자 한 장애인이 유리창을 열고 그대로 투신하겠다는 거야! 나는 겁에 질려 그 방을 나올 수밖에 없었지. 결국 이 시위는 점거 19일 만에 국가인권위원회가 최선을 다해 그들의 요구를 들어주겠다는 다짐을 듣고서야 끝이 났단다.

시위를 한 이유는 뭐였어요?

　그 이야기를 하려면 1988년 서울에서 올림픽을 유치하던 해로 돌아가야 해. 치열한 경쟁을 뚫고 올림픽을 유치하기 위해서는 의무적으로 지켜야 하는 조건들이 있었어.

　가장 중요한 조건 중 하나가 모든 장애인이 자유롭게 올림픽 경기장에 갈 수 있도록 도시 설비를 갖추라는 것이지. 우리나라도 이 조건을 꼭 실천하겠다는 서약을 하고 서울올림픽을 유치하게 되었단다.

그런데 왜 그것이 문제가 되었죠?

　그 당시 '모든 장애인을 위한 시설'이었던 지하철의 휠체어리프트가 오늘날에서는 장애인의 안전을 위협하는 시설이 되고 말았거든. 설치할 때만 해도 주로 국산 휠체어를 사용했기 때문에 그에 맞춰 휠체어리프트를 설계했지만, 몇 년 후부터 국산보다 40퍼센트 정도 더 무거운 독일제와 스위스제 휠체어가 주류를 이루게 되었지. 이게 문제가 된 거야. 1999년과 2000년에 외국제 휠체어를 탄 장애인이 지하철 휠체어리프트를 타고 계단을 내려가다가 굴러 떨어져서 목숨을 잃는 사고가 발생했거든. 그 후로도 크고 작은 휠체어리프트 사고가 계속 일어났고.

시설을 설비한 후 계속 유지하기 위해서는 어떤 휠체어를 타는지 정기적으로 조사를 해야 했는데, 그에 대한 조사가 전혀 없었던 거네요. 그만큼 장애인 인권에 관심이 없었다는 말이고요.

맞아. 결국 참지 못한 장애인이동권연대가 장애인이 안전하게 이동할 수 있도록 시설을 정비해달라고 항의한 거야. 서울시청 앞에서 몇 주째 항의했지만 별 반응이 없자 가까운 인권위원회를 찾은 거지.

이 얼마나 한이 맺힌 절규인지……. 선진국의 척도 중 하나는 그 나라의 장애인에 대한 사회적 인식이야. 장애인에 대한 일반인의 편견 없는 시각과 장애인의 자유로운 사회생활 등 정신적인 면과 물리적인 면이 모두 충족되어야 선진국에 진입할 수 있어.

맞아요. 선진국에서는 휠체어를 타고도 아무 어려움 없이 길을 건너는 모습을 쉽게 볼 수 있어요. 미술관이나 박물관에서도 장애인을 포함한 모든 시민이 자유롭게 문화를 즐기는 모습이 생소하지 않죠.

그렇지. 그래서 휠체어리프트 문제를 빨리 해결해야겠다고 생각했어. 나는 직원들을 관계 기관에 보내서 현안의 심각성을 알리고 방법을 구하기로 했지. 서울시에서는 자신들의 관할이 아니라고 난색을 표하며 지하철본부로 가라고 했고, 지하철본부는 예산이 없어서 불가능하다고 답했어. 이때부터 여야 국회의원들을 찾아가 예산 확보를 위한 설득을 이어갔지.

장애인을 위한 엘리베이터는 필수이며 앞으로 지하철을 만들 때는 처음부터 엘리베이터를 설계하도록 하자는 합의가 이루어지는 데 약 3년이 걸렸어. 결정이 어렵고 예산 확보에 시간이 걸렸으나 일은 일사천리로 진행됐지. 2007년부터는 거의 모든 서울 지하철역에 엘리베이터가 설치되었단다.

이 엘리베이터는 장애인뿐 아니라 노약자의 이동권도 해결한 셈이야. 부산, 대구, 광주의 지방도시에서도 지하철 건설 초기부터 엘리베이터가 설계되는 것을 보면 나름대로 보람을 느낀단다.

엘리베이터 설치 배경에는 장애인의 희생과 처절한 투쟁이 있었음을 기억해야 해. 나는 이 일을 통해서 모든 현안은 하루아침에 되는 게 아니라 많은 시간을 필요로 한다는 것, 또 서로 화합해야만 해결할 수 있다는 것을 다시 한 번 깨닫게 되었지.

1988년 올림픽을 유치할 때만 해도 우리나라는 가까운 아시아의 나라에서도 잘 모를 만큼 국가 인지도가 미약했어. 그러나 성공적으로 올림픽을 유치한 후 세계는 대한민국을 기억하게 되었고, 우리는 이를 발판으로 선진국 대열에 가까이 다가갈 수 있었단다. 1996년에는 OECD 경제협력개발기구에 가입했고 지금은 개발도상국에 무상원조를 하는 위치까지 올라왔지.

하지만 경제 발전만으로 진정한 선진국과 선진국민이 될 수는 없어. 따뜻한 마음으로 이웃과 함께 살아가고 자신보다 약한 사람을 지키려는 선진국민의 의식이 무엇보다 필요하단다.

장애인 복지가 지하철 엘리베이터 설치로 다 해결됐다고 생각해서는 절대 안 돼. 주위를 둘러봐도 휠체어를 타고 자유롭게 이동할 수 있는 거리는 손에 꼽을 정도야. 지하철 엘리베이터는 장애인의 인권을 위한 아주 작은 걸음일 뿐임을 명심해야 해. 장애인에 대한 배려와 따뜻한 관심이 넘쳐나야 살기 좋은 나라가 된단다.

우리의 인권을 찾아서

/ 24 /

인권을 위한 **선진국의 노력**

선진국이 다른 나라들로부터 존경받는 이유는 인권이 그 사회에 잘 녹아 있기 때문인 것 같아요.

맞아. 선진국에도 숨겨진 이면이 있지만, 분명 본받아야 하는 면도 많은 게 사실이야. 그중 가장 대표적인 것이 양극화를 해소하려는 노력이야.

세계화가 되면서 양극화도 점점 심해지고 있어. 이 양극화 문제를 100퍼센트 해결한 곳은 없지. 하지만 그나마 스칸디나비아 4개국과 스위스, 독일, 네덜란드가 모범 답안에 가까운 해답을 내놓고 있어. 독일은 일정 수준 이상의 부를 창출하면 이를 세금으로 거둬 재분배를 하고 있어. 특히 약자들에게 혜택이 많이 돌아가도록 노력하고 있지.

그렇군요. 참, 선진국에도 숨겨진 이면이 있다고 하셨는데, 어떤 부분을 말씀하신 거죠?

스위스를 예로 들어볼까? 난 WCC에서 일한 18년 동안 스위스에서 살았는데 근무지에서 이렇게 오래 산 사람은 드물 거야. 지금도 난 스위스를 제2의 고향이라고 생각하며 살고 있단다. 오래 살다보니 나의 생활 패턴은 스위스 사람처럼 되었고 사고방식도 유럽 방식에 가까워졌어. 독일에서 산 7년까지 합하면 25년이나 유럽에서 살았으니 어떻게 보면 당연한 결과라고 볼 수 있지.

수많은 호수와 알프스의 나라 스위스는 정말 그림 같은 곳이야. 특히 제네바는 세계 6대 미항이라고 불릴 정도로 아름답단다. 레만 호수를 끼고 있는 이 도시는 여름만 되면 전 세계의 부호들이 몰려와 2~3개월 동안 휴가를 즐기는 곳이지. 게다가 160여 개의 국제기구들이 모여 있어 명실공히 국제도시로서의 면모를 과시하고 있어.

이렇게 아름다운 나라 스위스도 어두운 면을 가지고 있단다. 가장 대표적인 것이 바로 은행의 비밀제도야. 이 제도는 아름다운 나라, 평화의 나라인 스위스의 인격에 사실상 악영향을 미치고 있어.

은행 비밀제도는 기사를 통해 많이 들어봤어요. 정확히 어떤 제도인가요?

스위스 연방은행은 150년 넘게 계좌와 고객에 관한 비밀주의 원칙을 고수해온 스위스의 대표 은행이야. 프랑스의 루이 14세가 1685년 신교도의 자유를 보장하던 낭트칙령을 폐지하자 프랑스 위그노 신교도들 다수가 스위스로 건너가 은행업을 시작했어. 이것이 스위스 은행업의 뿌리라고 볼 수 있지. 루이 14세는 프랑스 국경 확장을 위한 자금을 스위스의 신교도들에게 빌릴 수밖에 없었는데 이때 그가 자신의 신분을 감추고 자금을 빌린 것이 현재 스위스 은행 비밀주의의 배경이 되었단다. 1930년대에는 나치정권이 스위스 은행에 유대인 계좌 주인의 정보 공개를 요구했지만, 스위스 정부는 이를 무시하며 비밀주의 원칙을 명문화했단다.

최근 미국 및 유럽연합 국가들이 금융거래의 투명성 재고와 세금 범죄 방지를 명분으로 스위스에게 은행 비밀주의를 철회하라고 강력히 요구하고 있어. 또한 OECD는 2009년 4월 조세피난처 혐의가 있는 회색국가군grey list에 스위스를 포함시키는 등 스위스에 압력을 넣고 있지. 때문에 스위스 정부는 2009년 2월 스위스 연방은행의 미국인 고객 관련 정보를 미국에 일부 제공했고, 같은 해 3월에는 OECD 세금 관련 국제 기준을 수용하기로 하는 등 은행 비밀주의를 다소 완화하고 있어.

은행의 비밀제도가 스위스 이미지에 악영향을 미치고 있다면 하루빨리 없애야 할 텐데, 여전히 유지되고 있는 이유는 무엇인가요?

바로 국민 투표 때문이야. WCC 아시아 국장으로, 1985년부터 약 6개월간 매주 스위스 제1라디오 '오늘의 이슈'에 20분간 출연한 적이 있어. 스위스 은행 비밀제도에 대한 투표가 1개월쯤 남았을 때 이것을 주제로 아나운서와 대담을 하게 되었지. 그 전에 나는 스위스 교회 목사와 WCC 기구에서 일하는 스위스인의 의견을 들어보았는데, 그들은 대부분의 스위스인이 이 제도를 반대하고 있다고 말해줬어. 함께 이야기한 아나운서 역시 반대 입장이었지. 나는 이 제도는 없어져야 하며 다가오는 국민 투표에서 많은 스위스인이 이 제도를 없애는 데 투표해야 한다고 다소 과격하게 말했어. 하지만 국민 투표 결과는 찬성 40퍼센트, 반대 60퍼센트였단다. 스위스의 늙은 세대인 부유층이 이 제도가 꼭 필요하다는 데 동조했기 때문에 은행 비밀제도가 그대로 유지되게 된 거야.

그 투표 결과를 보고, 스위스는 부유하고 잘사는 나라로 꼽히지만 세계인으로서의 책임에 대해서는 눈을 감고 있구나 하는 생각이 들었단다. 하지만 유엔에 가입할 때도 서서히 찬성표가 많아져 늦은 가입을 했던 사례를 볼 때, 언젠가 이 비밀제도도 없어질 거라 믿고 있어.

현재 스위스 정부는 '비자금의 천국'이라는 오명을 벗으려고 안간힘을 쓰고 있어. 해외 독재자와 부정비리 공직자들의 비자금을 동결하고 해당 국가로 반환하는 것을 골자로 하는 일명 '뒤발리에 법'도 추진 중이지. 이에 따라 최근 튀니지 민중시위로 쫓겨난 벤 알리Ben Ali 전 대통령, 대선 결과에 불복해 무력 충돌을 벌인 코트디부아르의 로랑 그바그보Laurent Koudou Gbagbo 전 대통령의 은행 계좌가 전격 동결되기도 했어. 이제 독재자들이 몰래 이용하던 스위스 은행의 비밀금고가 서서히 열리고 있는 거야. 하지만 은행 비밀제도가 아예 없어지지 않는 한 탈세나 비자금을 위해 악용하는 사람도 사라지지 않을 테지. 국민들이 이러한 점을 잘 인식해서 '비자금의 천국'이라는 오명을 벗는 날이 하루빨리 왔으면 좋겠어.

어느 나라건 밝은 얼굴과 어두운 얼굴이 함께 있기 마련이야. 우리나라도 빠른 경제 성장은 분명 자랑할 일이지만 부정부패와 분단에서 오는 불의는 우리의 어두운 얼굴이지. 우리도 어두운 얼굴을 하루속히 밝은 얼굴로 변화시켜야겠지?

그래도 스위스 하면 좋은 점이 많이 떠올라요.

그럼. 스위스는 좋은 점도 많은 나라야. 우리가 본받을 것은 더욱 많지. 그중 가장 대표적인 것이 적십자정신이야.

적십자정신은 잘 알고 있어요. 계속 이어 나가야 할 정신이라며 아버지께서 여러 번 이야기하셨죠.

적십자정신은 유엔 창설의 기본 이념이야. 인류에게 적십자정신을 통해 평화와 인권이 가장 중요한 삶의 가치라는 걸 알려준 인물이 바로 장 앙리 뒤낭Jean Henry Dunant, 자세한 인물 소개 195쪽이란다. 그는 스위스 제네바 출신의 실업가로, 1856년 무역회사를 설립한 후 프랑스령인 알제리에서 농산물 가공 사업을 시작했어. 하지만 현지의 불안한 정세와 관료주의 등으로 사업에 차질이 생기자 프랑스 황제 나폴레옹 3세에게 탄원서를 제출하기로 마음먹지. 당시 나폴레옹은 동맹국인 이탈리아의 도시국가 피몽공화국을 도와 오스트리아와 전쟁을 벌이고 있었기에 뒤낭은 전장 솔페리노까지 가야만 했어.

가까스로 솔페리노에 도착한 뒤낭은 부상당해 신음하는 수만 명의 군인을 보게 되고 그 순간 돈보다 중요한 것이 인간 생명의 존엄성임을 깨달았어. 그 후 나폴레옹과 만나기를 포기하고 그곳에서 부상병을 치유하며 전쟁의 잔혹함에 대해 매일 일기를 썼단다.

1862년, 뒤낭은 이 일기를 《솔페리노의 회상 Un Souvenir de Solferino》이라는 제목으로 자비 출판하여 유럽 각국의 정치 및 군사 지도자들에게 배포했어. 책에서 전쟁은 절대로 일어나서는 안 되지만 어쩔 수 없이 일어났을 경우 부상병을 치료하는 의사와 간호사의 인권은 반드시 존중되어야 한다고 주장했지. 이런 그의 노력으로 무력충돌 시 부상자 보호를 위한 인도적 활동을 보장하는 제네바협약이 만들어지게 된 거야. 이를 상징하는 운동이 적십자운동이지.

적십자운동은 세계의 운동 중 가장 오래되고 존경받는 운동이야. 이를 수행하는 국제적십자사는 1917년, 1944년, 1963년 세 차례에 걸쳐 노벨평화상을 수상하며 세계에서 가장 인정받는 기관으로 자리매김했단다.

국제적십자사는 '공평하고 중립적이며 독립적인 기관으로 전쟁과 폭력, 자연재해의 희생자들의 생명과 존엄성을 지켜주는 것'을 기본원칙으로 내세워 국제 구호를 지휘하고 전 세계의 인도주의 정착을 위해 일하고 있단다.

　스위스 제네바의 한 실업가, 뒤낭에 의해 탄생한 적십자사는 전 인류에게 희망을 주고 있어. 이런 공로를 인정받아 뒤낭은 1901년 프랑스의 프레데리크 파시Frederic Passy와 함께 제1회 노벨평화상을 공동 수상했어.

뒤낭과 같은 인물의 이야기를 들으면 한 사람이 세상을 바꿀 수 있다는 생각이 들어요.

　물론이지. 스위스의 대단한 점은 적십자정신만이 아니란다. 스위스에는 네 개의 민족이 살고 있는데 그들 모두 한 민족처럼 살아가고 있어. 게다가 스위스는 각 민족의 언어도 존중해서 스위스 고유어, 독일어, 이탈리아어, 프랑스어를 전부 공용어로 사용하고 있단다. 이것은 서로를 배려하고 존중하는 마음과 상대방의 인권을 소중히 생각하는 마음이 있었기 때문에 가능한 일이야. 한국에도 다문화 가정이 늘어나고 있는데 이들을 존중하는 마음을 가져야만 스위스처럼 선진국으로 갈 수 있을 거야.

유럽의 선진국 하면 독일도 떠올라요. 아버지가 공부하셨던 곳이기도 하죠?

　맞아. 독일도 배울 것이 많은 나라 중 하나야. 특히 정치적으로 배울 게 많지. 넌 나를 비롯해서 많은 분의 도움을 받았기에 지금의 네가 있을 수 있다고 말했지? 그건 나도 마찬가지란다. 나도 많은 분의 도움을 받아왔어. 그중 한 분이 바로 독일의 리하르트 폰 바이츠제커 Richard von Weizsacker, 자세한 인물 소개 197쪽 전 대통령이야.

독일 전 대통령의 도움을 받으셨다고요?

그래. 크리스천아카데미에서 일하던 1970년, 나는 강원용 목사님의 초대로 한국에 처음 온 리하르트 폰 바이츠제커 박사님 부부를 안내하게 되었지. 당시 그분은 서독 하원 외교분과위원회의 위원장을 맡고 있었어. 나는 독일에서 유학을 마치고 왔던 터라 1주일의 체류 기간 중 그분이 공식 일정이 없을 때 덕수궁, 아리랑하우스, 비원 등을 안내해주었어.

독일로 떠나기 하루 전, 바이츠제커 박사님은 그동안 고맙다는 인사와 함께 장래희망이 뭐냐고 물었지. 나는 잠시 머뭇거리다 미국에서 박사학위를 딴 뒤 우리나라의 지도자가 되고 싶다고 했어. 그러자 독일에서 공부하는 것은 어떠냐며, 만약 독일에 온다면 자신의 모교에 추천해서 장학금을 받을 수 있게 해주겠다는 거야. 난 그 이야기를 듣자마자 다시 독일로 건너가 공부할 결심을 굳혔지. 그러고는 바로 이듬해에 독일로 유학을 떠났단다. 지금 생각해도 기막힌 행운이었지.

그렇게 다시 독일 생활을 시작하셨군요.

그랬지. 1973년 바이츠제커 박사님은 내가 공부하고 있던 괴팅겐에서 빌리 브란트의 동방정책통일 전 서독이 추진한 소련 및 동유럽 제국과의 관계정상화정책을 주제로 강연을 한 적이 있어. 동방정책은 분단을 겪고 있는 당시의 독일에서는 아주 큰 사건이었지. 공산당인 동독과 화해하면서 협력하겠다는 내용이었으니, 영국과 프랑스의 반대는 물론 독일 국내의 반대 여론도 만만치 않았어.

이 획기적인 동방정책은 당시 정권을 잡고 있던 사회민주당이 발표했지만 보수당이자 야당인 기독교민주당이 동조하면서 힘을 얻었어. 결국 이 정책은 서유럽과 미국이 안보와 경제지원 등 모든 현안에 인권 문제를 결부시켜 소련 및 동유럽의 사회주의 체제를 서서히 붕괴시키고 동·서독의 통일을 앞당긴 헬싱키프로세스의 근간이 되었어.

당시 강연을 들으며 독일은 평화 통일의 문제를 여야가 서로 토의하고, 일단 합의점이 정해지면 당을 초월해서 추진된다는 사실에 놀랐단다. 우리나라에서는 보기 힘든 상황이었지. 그리고 동유럽과 서유럽의 화해를 위해서 동·서독이 모범 답안을 써야 한다는 강연 내용에 많은 감동을 받았어. 물론 이 강연은 거기 모여 있던 독일인들에게 큰 지지를 받았지.

하나의 의제를 여야가 함께 토의하고, 일단 결정되면 이루기 위해 함께 노력하는 자세는 한국 정치에서 반드시 필요한 내용이네요.

맞아. 내가 하고 싶은 얘기가 바로 그거야. 몇 가지 떠오르는 이야기를 해줄게. 바이츠제커 박사님은 베를린 시장을 거쳐 1984년 제6대 독일 대통령에 선출되었고, 재직하는 동안 동·서독을 통일로 이끌었어. 그분은 나를 만날 때마다 한국의 민주화에 대해 많은 걱정을 하셨지. 당시 나는 우리나라 야당 총재였던 김대중 전 대통령을 바이츠제커 박사님께 소개하기도 했어. 이 인연으로 김대중 대통령의 취임식에 독일 정부를 대표해서 참석하셨지. 그리고 이런 말씀을 하셨어.

"지금 독일은 전쟁 없는 세상을 위해 심혈을 기울이고 있습니다. 한국 국민도 전쟁의 참혹함을 경험했으니 이 운동에 적극 동참하리라 믿습니다. 이 반전운동은 반미운동이 아닙니다. 독일에서 하고 있는 반전운동은 제2차 세계대전의 전범국가로서 히틀러가 저지른 죄악에 대한 참회운동이기에 세계의 호응을 받고 있습니다."

그리고 45년간의 분단을 딛고 독일이 통일했을 때 베를린대학교 강단에서 아주 감동적인 연설을 남기기도 했어.

"학생 여러분, 여러분은 히틀러가 제2차 세계대전 중 저지른 죄악이 자신과 무관하다고 생각할지도 모릅니다. 여러분은 그가 이 만행을 저질렀을 때 세상에 태어나지도 않았을 테니까요. 그러나 이것은 잘못된 생각입니다. 여러분은 독일의 학생이고, 설령 독일인이 아니라 해도 독일의 대학에서 공부를 했다면 히틀러의 범죄에 대해서 죽을 때까지 사죄하는 마음을 가져야 합니다. 그래야 전 인류가 참된 평화를 누릴 수 있습니다."

바이츠제커 박사님의 말씀은 당시 전 세계를 움직일 만큼 큰 메시지였고 우리가 나아갈 방향을 제시하는 귀한 울림이었어.

/ 25 /

인권 선진국으로의 **첫걸음**

앞으로 인권을 위해 우리가 반드시 가지고 가야 할 덕목은 무엇일까요?

가장 중요한 것은 바로 겸손해야 한다는 거야. 자신이 최고라고 생각하는 그 순간 자신이 최고가 아니게 되는 거거든.

요즘 우리는 자신이 가지고 있는 '타이틀'에 너무 의존하고 있어. 그 타이틀을 버리고 본연의 모습을 바라봐야 해. '나와 너는 같은 사람이다.'라는 생각이 중요한데, 이런 생각은 겸손한 자세로 세상을 바라봐야만 가질 수 있는 거야.

그리고 돈에 모든 것을 의존해서는 안 돼. 요즘 학문은 돈에 너무 무게를 두고 있어. 이런 학문의 방향도 큰 문제라고 볼 수 있지. 이명박 정부에서 747공약을 발표한 적이 있는데 이건 크게 잘못된 거야.

왜냐하면 무엇을 위한 747인가가 빠져 있으니까.

747공약은 연 7퍼센트의 경제성장, 1인당 4만 달러의 소득 달성, 7대 강국으로의 도약을 목표로 하고 있어. 이건 모두 돈의 개념이야. 여기서 우리는 무엇을 위해 저 목표를 달성해야 하는지를 이야기해야 해.

"우리는 평화 공동체, 핵이 없는 세상, 그리고 인권이 생활 속에 스며든 사회를 위해서 747이 필요하다." 이렇게 이야기하면 더욱 호소력 있게 들리지 않을까?

돈이 중요한 것은 확실하지만 필요한 만큼만 있으면 되는 거야. 돈 외에도 중요한 덕목이 많다는 것을 항상 명심해야 해. 특히 상대방을 존중하는 태도는 늘 가지고 있어야 하고.

정치를 예로 들어 이야기해볼까? 평균적으로 젊은 사람은 진보, 나이가 들면 보수 성향이 되는데, 젊은 사람과 나이 든 사람의 인구가 약 반반씩이니까 정치적인 성향도 반반이라고 볼 수 있겠지? 그러니까 합리적인 보수와 이상적인 진보가 비판적 협력 관계를 형성하며 나아가야 해. 그래야만 선진국 대열에 들어설 수 있는 거야.

영국은 14년 만에 보수당이 정권을 잡았어. 그때 보수당은 14년 동안 자신들이 정치에서 멀어져 있었으니 그동안 정치를 한 노동당에게 정치를 가르쳐달라고 겸손하게 부탁했어. 노동당도 보수당의 제안을 흔쾌히 받아들여 협력하기로 했지. 이런 게 바로 제대로 된 보수와 진보의 관계라고 볼 수 있어. 그런데 우리나라는 여전히 보수와 진보가

단절된 채 갈등만 낳고 있잖니? 그렇기 때문에 서로 존중하며 소통하는 것이 아주 중요해. 남자와 여자, 보수와 진보, 젊은이와 나이 든 사람, 외국인과 자국인 모두가 소통해야만 진정한 평화가 찾아오는 거야.

상대방의 인권을 나의 인권만큼 소중하게 생각하지 않는 것도 결국 소통의 부재 때문이라는 생각이 들어요.

그렇지. 나 자신이 소중한 만큼 상대방도 소중한 사람이라고 인식하고 서로 소통하는 건 정말 중요해. 너무 자신의 이익만 바라고 있는 건 아닌지 스스로 돌아볼 필요가 있어. 인권은 저절로 얻어지는 것이 절대 아니란다. 함께 노력해야 해. 그렇다고 해서 인권을 빌미로 상대방에게 무리한 것을 요구해서도 안 돼. 웃어른을 존경하는 것도 인권이고 어른이 젊은이를 무시하거나 폄하하지 않는 것도 인권이지.

인권 유린은 전쟁에서 가장 많이 나타나고 있어. 그렇기 때문에 인권을 지금 자신이 살고 있는 사회와 연결시켜 인식하는 경우가 드물어. 하지만 인권이 일상에서 지켜질 때 인권 선진국으로 발돋움할 수 있는 거란다.

그럼 인권을 위해서 우리가 해야 할 일은 무엇일까요?

우선 인권을 먼 나라의 얘기로 생각하는 것부터 고쳐야 해. 물론 인권이 서구에서 온 권리 개념으로 우리에게 소개된 것은 사실이야. 하지만 인권은 우리 생활의 일부란다. 우리가 가정과 사회에서 맺는 인간관계에 녹아 있는 거야. 친구와의 우정, 애인과의 사랑 속에서도 찾을 수 있는 거란다.

 상호 평등 관계를 유지하는 것, 그리고 서로의 인격을 존중하는 것, 이런 것이 인권이지. 그러니 인권은 곧 우리의 삶이야. 즉 우리의 삶을 더 행복하고 풍요롭게 하는 가치가 바로 인권인 거지.

/
26
/

인권의 실천은
가정에서

아버지의 말씀을 듣고보니 인권은 가정에서부터 실천되어야 하는 기본 가치인 것 같아요.

그래. 맞아. 가정에서의 인권은 아주 중요하단다. 나는 1965년에 해병대 장교 복무를 마치고 만기제대를 했어. 그 후 크리스천아카데미에 프로그램 간사로 사회생활을 시작했지. 군대에 있던 4년 동안 나는 전형적인 한국 남자였어. 가부장적이었고 남성우월주의에 물들어 있었던 것도 사실이야.

하지만 1967년부터 약 2년간 지속된 독일 유학생활이 나를 완전히 바꾸었어. 독일 남부의 소도시 괴팅겐에 있는 독일 아카데미에서 생활했는데, 그곳에는 직원이 약 300명 정도 되었어. 원장인 에버하트 뮐러Eberhart Mueller 박사가 직원들에게 나를 소개하면서 "혼자 사는 총각이니 가정 있는 사람들은 꼭 주말에 초대해서 독일의 문화도 보여주고 외로움도 달래주라."는 요청을 했지. 그 덕에 난 주말이면 독일 가정에 초대를 받았어.

처음 초대받은 가정에 방문했을 때 난 아주 놀랐단다. 남자들이 설거지는 물론 집안 청소를 하는 것이었어. 그뿐만 아니라 밥상을 차리는 일도 도맡아 했지. 힘들거나 어려운 일은 남자가 하고 있었어. 다른 가정도 마찬가지였단다. 남자는 가만히 있고 여자가 대부분의 집안일을 도맡아 하는, 내게 익숙했던 모습은 독일에서 전혀 찾아볼 수 없었지. 부부 사이의 신뢰와 평등을 나는 독일 가정에서 보았단다.

그래서 아버지가 그렇게 가정적이시군요.

너도 알다시피 난 1969년 10월 8일에 결혼을 했어. 신혼 초 너희 어머니가 김치를 담글 줄 몰라 우리는 처형에게 김치를 받아 먹었지. 물론 몇 년 후에는 김치를 잘 담그게 되었지만……. 나는 독일에서 신혼생활을 할 때에 너희 어머니가 김치를 담그면 옆에서 조수 노릇을 했어. 무를 깎거나 양파를 깐다든지 하면서 말이야. 결혼 전 혼자 독일에 살 때 나는 이미 깍두기라든지 무채, 나물김치 등은 담글 수 있었어. 지금이야 도우미 아주머니가 청소를 하지만 결혼 30년 동안 청소도 내가 도맡아 했단다. 아들인 찬원, 찬일이가 나를 보고 배웠는지 각자의 가정에서도 청소는 자기들이 직접 하더구나. 이렇게 집안에서 부부가 서로 돕는 게 부부 인권 신장의 시작이란다.

어머니께서 아버지 이야기를 많이 하셨어요. 어머니가 하시는 일에 많은 격려를 해주셨다고요.

나는 인권은 가정에서부터 철저히 실천해야 한다고 늘 생각하고 있단다. 그리고 항상 아내에게 여성도 자신의 일을 해야 한다며 다독여주곤 했어. 다행히 네 어머니는 책 읽고 공부하는 것을 좋아했지.

독일에서 유학할 때였어. 어느 날 네 어머니가 베를린을 방문하는 학교 프로그램에 참석하고 싶다며 조심스럽게 말을 꺼내는 거야. 그때 큰애가 세 살이었으니, 그 어린애를 내게 맡기고 가기가 미안했던 모양이야. 나는 흔쾌히 다녀오라고 말했지. 그때 뛸 듯이 기뻐하던 아내의 모습을 보면서 우리나라의 가부장적인 문화가 얼마나 많은 여성을 억압하고 있었는지 새삼 깨달았단다. 네 어머니 역시 가부장적인 가정에서, 여자는 살림 잘하고 남편 공경하는 일이 우선이라고 배우며 자라왔으니 당연한 일이지.

그 후 스위스에서 살 때도 '동·서 진영 여성들의 만남'과 같은 회의가 있으면 일주일이고 열흘이고 집안 살림은 나에게 맡겨두고 다녀오라고 했단다. 다른 지방에서 열리는 한 달 코스의 강의에도 언제든지 가서 공부하라고 했어.

가끔 네 어머니가 농담처럼 하는 말이 있단다. 청소와 음식 솜씨는 내가 훨씬 낫다고 말이야. 집안일을 할 때마다 느끼지만, 그게 여간 힘든 일이 아니야. 남자인 내가 하는 것도 힘든데, 여자 혼자서 집안일을 다 하는 가정을 보면 안타까운 마음이 든단다.

부부가 서로 존중하며 배려하는 것이 인권 실천이라는 기본 생각을 공유했기에, 지금까지 우리 부부가 행복한 결혼생활을 하고 있는 거라고 생각해.

부모가 가정에서 인권을 지켜 나가면 아이들은 자연스럽게 부모의 영향을 받겠지요.

그렇다마다. 첫째가 초등학교 6학년, 둘째가 초등학교 2학년 때 우리 가족은 스위스 제네바로 떠났어. 제네바에서의 생활에 앞서 우리는 가정에서 지켜야 할 몇 가지 룰을 정했단다. 숙제는 스스로 할 것, 남자인 나와 두 아들이 엄마를 도와 집안일을 할 것, 식사할 때는 한국어로 대화할 것. 두 아들은 학교에서 영어, 불어, 독일어를 배우니까 집에서는 무조선 한국어로 대화하기로 한 것이지. 요즘 영어 못하는 학생들이 무시를 당하기 때문에 초등학교 입학 전에 영어를 배우게 한다는 기사를 본 적이 있어. 영어 못하는 학생을 무시하는 것을 바로잡아야 하는데, 그 반대가 되고 있어 정말 안타까웠단다.

나는 늘 아이들에게 인권은 먼 나라의 얘기도, 틀에 갇힌 학문도 아닌 우리 삶의 가장 중요한 부분이라고 이야기해. 나의 권리가 소중하듯 타인의 권리도 소중하다는 것을 진심으로 이해할 때 비로소 지켜지는 것이기 때문이지. 그렇기에 인권은 거드름을 피우기 위한 도구도, 윽

박지르기 위한 수단도 아닌, 진정한 마음의 표현이어야 하는 거야.

아버지를 20대 때 만났는데, 더 어렸을 때 만났더라면 인권에 대해 더욱 성숙한 자세를 지닐 수 있었을 거라는 생각이 들어요.

아니야. 지금이라도 인권에 대한 바른 시각을 갖는 게 더 중요한 거야.

인권이란 상호 신뢰와 상호 존중에서 출발해야 매끄럽게 발전할 수 있어. 그래서 유엔은 인권을 다룰 때 가슴에서 우러나오는 진정성을 가지고 Truely, 비정치적으로 Non-politically, 평화롭게 Peacefully, 건설적이며 Constructively, 투명하고 Transparently, 상호 연관적이며 Interrelatedly, 포괄적으로 Comprehensively 해야 된다는 지침을 전 세계에 선포했지. 인권의 이름으로 폭력을 수반하거나 대치를 조장해서는 안 되고, 시간이 걸리더라도 대화를 통한 설득과 신뢰를 쌓으면서 문제를 해결해야 하는 거야.

그리고 앞서 말한 대로 인권은 가장 먼저 가정에서 실천되어야만 해. 나는 두 아들을 키우면서 한 번도 나의 입장만 강요한 적이 없단다. 숙제를 봐준 적도 없고 그렇다고 앞으로 어떤 직업을 가져야 한다고 강요한 적도 없어. 단 한 가지 요구한 것은 나와 내 처가 사회과학과 인문과학을 공부했으니 너희는 가능하면 부모와 동떨어진 학문을 하라고 했어. 그래야 부모에게 기대지 않을 테니까. 그런 이유 때문인지 첫째는 컴퓨터공학을 공부해서 회사를 운영하고 있고, 둘째는 의학을 공부해서 심장과 의사로 일하고 있지.

인권을 진심으로 생각한다면 부모는 자신이 옳다고 생각하는 것을 무조건 자식에게 강요해서는 안 돼. 그래야 자식 스스로 자신의 삶을 결정할 수 있는 거야. 부모는 조언자이지 결정권자가 아니라는 것을 명심해야 한다. 다만 어른으로서 늘 따뜻한 조언을 잊어서는 안 되겠지.

마지막으로 꼭 해주고 싶은 말씀이 있다면요?

다시 강조하지만 인권의 출발점은 가정이야. 그리고 그 연장선에 학교, 사회가 있는 것이지. 인권을 지키기 위해서는 가정, 학교, 사회가 하나의 선상에 올바르게 서 있어야 한단다.

우리나라의 인권 상황이 좋아진 것도 불과 얼마 되지 않았어. 아직까지 문제가 많은 것도 사실이고. 때문에 현재 자신의 상황이 다른 사람들보다 조금 나은 것 같다고 해서 사회적 약자를 모르는 척해서는 안 돼. 인권 유린은 언제나, 어디서나, 누구에게나 일어날 수 있는 것이니까. 항상 내 인권이 소중하듯 타인의 인권도 소중하다는 것을 명심하고, 더 나아가 지구상에 더 이상 인권 유린으로 상처받는 사람이 없도록 우리 모두 도우며 노력해야 한단다.

/
책 속 인물 소개
/

달라이 라마 · 아웅산 수지 · 호세 라모스 오르타 · 카를로스 벨로 · 넬슨 만델라 · 데스몬드 투투 · 리고베르타 멘추 · 무하마드 유누스 · 빌리 브란트 · 시린 에바디 · 장 앙리 뒤낭 · 리하르트 폰 바이츠제커

/
세 계 인 권 선 언
/

책 속 인물 소개

달라이 라마

티베트 농부의 아들로 태어난 그의 이름은 텐진 갸초이며, 1940년 제14대 달라이 라마로 즉위한 후 줄곧 조국의 독립을 위해 헌신하고 있다.

티베트는 수백 년간 중국과 영국의 통치를 번갈아 받아왔고, 1945년 당시 지배를 받고 있던 중국으로부터 독립한 듯했다. 하지만 마오쩌둥이 1949년 중화인민공화국을 세우며 티베트를 중국의 일부로 편입하고자 했고, 티베트가 불응하자 다음 해 10월 중국 인민해방군을 앞세워 티베트를 침공했다.

이에 달라이 라마는 크고 작은 독립운동을 주도했고, 1959년 중국 지배에 반대하는 대규모 시민 봉기를 일으켰다. 하지만 이 봉기가 중국의 무력 앞에서 엄청난 사상자만 내며 실패로 돌아가자 결국 인도 망명길에 올랐다. 다람살라에 자리를 잡은 달라이 라마는 그곳에 티베트 망명정부를 세운 후 비폭력주의를 고수하며 독립운동을 이어갔다.

티베트 문화의 정체성을 지키는 데 주력한 그는 이러한 공로를 인정받아 1989년 노벨평화상, 1994년 루스벨트자유상, 1994년 세계안보평화상 등을 수상했다.

아웅산 수지

미얀마 독립의 주역인 아웅산 장군의 딸 아웅산 수지는 15세에 영국으로 건너가 정치학 등을 공부하며 30대까지 평범한 학자와 주부로 생활했다. 하지만

1988년 조국 미얀마에서 민주화 운동이 일자 안락한 생활을 뒤로하고 미얀마로 돌아와 군부 반독재시위에 참여했다.

세계적인 민주화 아이콘으로 급부상한 수지는 NLD를 결성해 7년간 미얀마 민주화 운동을 주도하며 국민의 뜻을 모았고, 이에 위협을 느낀 군부는 그녀를 가택연금하여 민주화의 발을 묶어놓았다. 하지만 수지는 이에 굴하지 않고 투쟁을 이어 나갔고, 그녀의 힘을 믿었던 미얀마 국민은 1990년 총선거에서 친군부세력인 NUP민족통일당를 참패시키고 NLD의 압승을 도왔다.

'마얀마의 봄'을 이끈 수지는 그 공로를 인정받아 1991년 노벨평화상을 수상했으며, 국제사회와 미얀마 국민들의 염원으로 2010년, 마침내 가택연금 상태에서 해제되어 정치활동을 재개했다. 유네스코인권상, 광주인권상, 국제앰네스티 양심대사상 등을 수상한 수지는 2012년 현재 국회의원 보궐선거에 출마해 압도적인 승리를 거뒀고, 여전히 조국의 평화와 민주화를 위해 일하고 있다.

호세 라모스 오르타

호세 라모스 오르타는 오랜 기간 포르투갈 식민 지배를 받고 있는 동티모르의 독립을 위해 게릴라 활동을 하다가 1970년 포르투갈 정부로부터 추방되었다. 1972년 다시 동티모르로 돌아온 그는 내전에 가담하며, 동티모르 최대 독립운동 단체인 CNRM동티모르 레지스탕스연합을 이끌었다.

그 후 1975년 11월 동티모르는 포르투갈로부터 독립하게 되었으나 이듬해 또다시 인도네시아에게 점령당하게 된다. 그러자 그는 동티모르의 독립을 위해 국제기구를 찾아다니며 인도네시아 불법 점령에 대해 호소하는 등 평화적인 방법으로 조국의 문제를 해결하고자 했고, 이 공로를 인정받아 1996년 카를로스 벨로 주교와 함께 노벨평화상을 공동 수상했다.

마침내 1999년 동티모르는 인도네시아의 무력통치에서 벗어나 독립을 맞이했다. 그는 2007년부터 2012년까지 동티모르 대통령을 지냈으며 현재 조국을 비롯한 세계평화를 위해 노력하고 있다.

카를로스 벨로

어려서부터 가톨릭에 몸담은 카를로스 벨로 주교는 주민 대부분이 가톨릭 교도인 동티모르의 정신적 지도자다.

1988년 주교가 된 후 이슬람 국가인 인도네시아의 동티모르 침략에 대해 적극적으로 항의하며 호세 라모스 오르타와 함께 독립운동을 벌였다. 가톨릭에 대한 자유 확대, 언론의 자유 보장, 동티모르 독립에 대한 국민 투표 실시 등을 인도네시아 정부에 제의하여 수많은 탄압과 암살 위협에 시달렸으나 비폭력 독립운동을 꾸준히 이어 나가 동티모르 독립의 발판을 마련했다.

1996년 호세 라모스 오르타 대통령과 함께 노벨평화상을 수상하자 세계가 동티모르 현실에 주목했고, 이는 동티모르가 인도네시아로부터 독립하는 데 기여하게 된다. 2000년 5월에는 5·18 광주민주화운동 20주년 국제심포지엄에 참여하기 위해 방한하기도 했다.

넬슨 만델라

남아프리카공화국 최초의 흑인 대통령이자 흑인인권운동가인 넬슨 만델라는 1918년 템부족 족장의 아들로 태어났다. 1940년 포트헤어대학 재학 중 시위를 주동하다 퇴학당한 후 1944년 ANC아프리카민족회의 청년연맹을 창설했다.

흑인으로는 처음으로 요하네스버그에 법률상담소를 열고 인종차별 반대운동에 적극 참여하는 등 흑인인권을 위해 노력했다. 이 과정에서 무장투쟁을 이유로 체포되어 종신형을 선고받았다. 하지만 수감 중임에도 불구하고 1979년 자와할랄네루상, 1981년 브루노크라이스키인권상, 1983년 유네스코시몬볼리바국제상 등을 받으며 세계 인권운동의 상징으로 떠올랐다.

27년간의 복역을 마치고 1990년 2월 석방된 후 1991년 7월 ANC 의장으로 선출되었고, 프레데릭 데 클레르크 백인정부와 협상을 벌여 350여 년에 걸친 인종분규를 종식시켰다. 1993년 클레르크와 함께 노벨평화상을 받았으며 1994년 5월 남아프리카공화국 최초의 흑인 참여 선거에서 대통령으로 선출되었다.

데스몬드 투투

1931년 남아프리카공화국에서 태어난 데스몬드 투투는 런던대학교에서 공부하던 시절, 은행에서 흑인과 백인이 줄을 서 차례대로 서비스를 받는 모습을 보고 자국에서 벌어지는 인종차별의 부당성을 깨달았다. 1961년 남아프리카 공화국 성공회 사제가 된 그는 남아프리카공화국 교회협의회의 인종차별 반대운동을 주도하며 국제적 명성을 얻었다.

1975년 흑인 최초로 요하네스버그 세인트메리 대성당의 주교가 된 후 레소토 주교, 남아프리카 교회협의회 총무, 케이프타운 대주교, 남아프리카 관구 대주교를 거쳤다. 1994년 흑백연합정부가 수립된 후에는 TRC진실과화해위원회 위원장으로 활동했으며 남아프리카공화국 인종차별 반대운동에 대한 공로로 1984년 노벨평화상, 2007년 간디평화상을 받았다.

리고베르타 멘추

리고베르타 멘추는 1959년 과테말라의 가난한 가정에서 태어나 어릴 때부터 정규 교육을 받지 못하고 백인 소유의 농장에서 일했다.

CUC농민단결위원회의 일원으로 인권운동을 하다 피살된 아버지의 영향을 받아 1979년 인권 운동에 나서게 되었다. 전국을 돌아다니며 농민들을 조직화하는 일을 하던 중 과테말라 군부에 의해 온 가족이 무참히 살해되자 1981년 멕시코로 탈출했다.

이후 그녀는 전 세계에 중남미 인디오들의 참상을 알리는 데 힘썼으며, 자신의 투쟁사를 담은 책《나, 리고베르타 멘추 툼》을 출간, 전 세계의 이목을 집중시켰다. 유네스코평화교육상, 프랑스 자유인권옹호위원회상 등을 수상했고

1992년에는 사회적 정의와 인종, 문화 간의 화합을 위한 노력을 인정받아 노벨평화상을 받았다.

무하마드 유누스

1940년 방글라데시 치타공의 유복한 집안에서 태어난 무하마드 유누스는 방글라데시의 다카대학교 경제학과를 졸업한 후 밴더빌트대학교에서 경제학 박사학위를 받았다. 1972년 치타공대학의 경제학과 교수가 되었으나, 국민 대부분이 빈곤에 시달리는 방글라데시 현실에서 경제학을 가르치는 것에 회의를 느꼈다.

1973년 20달러가 없어 고리대금업자의 횡포에 시달리는 주민에게 자신의 돈을 빌려주게 되었고, 이것이 무담보 소액대출 제도인 마이크로크레디트 microcredit로 발전했다. 자신의 사비로 빈민들에게 담보 없이 돈을 빌려주다가 나중에는 은행에서 자신이 대출을 받아 빈민들에게 소액대출을 하게 되었다. 그 결과 1979년까지 500여 가구를 절대빈곤에서 구제했다.

그 후 1983년 극빈자에게 무담보 대출을 하는 그라민은행을 설립했다. 극빈자 대출임에도 불구하고 회수율이 99퍼센트에 육박하여 1993년 이후 흑자로 전환되었고, 대출 받은 극빈자 중 58퍼센트가 절대빈곤에서 벗어난 것으로 집계되었다.

유누스는 빈곤퇴치의 공로를 인정받아 그라민은행과 함께 2006년 노벨평화상을 공동 수상했다. 이 외에 1984년 막사이사이상, 1994년 세계식량상, 1998년 시드니평화상, 2006년 서울평화상과 마더테레사상 등을 받았다.

빌리 브란트

옛 서독 총리 빌리 브란트는 냉전시대가 채 끝나지 않았던 1970년대 초 일명 동방정책, 즉 동서화해정책을 내놓으며 독일 통일의 밑거름을 마련했다.

빌리 브란트는 17세에 정치에 입문했고, SAP 독일사회주의노동자당에 가입하며 반독재운동에 앞장섰다. 하지만 나치정권이 압력을 가하자 노르웨이로 망명길에 올랐다. 제2차 세계대전이 끝난 후 베를린으로 돌아온 브란트는 조국의 분단을 마주했고, 공산주의에 실망한 그는 서독에서 새로운 정치 인생을 시작했다.

1969년 서독 총리에 취임한 브란트는 제2차 세계대전에서 독일이 저지른 전쟁과오를 철저하게 시인·반성하며 국제사회의 주목을 받기 시작했다. 특히 폴란드 유태인 위령탑 앞에서 무릎을 꿇으면서 세계인의 마음을 움직였다. 더불어 인권 수호를 기조로 동유럽 사회주의 체제를 서서히 무너뜨리며 동서화합을 주도했다.

브란트는 이러한 공로를 인정받아 1971년 노벨평화상을 수상했다. 그렇게 십수 년 일관되게 진행된 브란트의 동방정책은 드디어 1990년 동·서독 통일이라는 극적인 결과를 낳았다. 정치에서 물러난 후에도 평화운동을 주도하며 존경받았던 그는 1992년 생을 마감했다.

시린 에바디

1947년 이란에서 태어나 테헤란대학교 법과대학을 졸업한 시린 에바디는 1974년 이란 최초의 여성 판사가 되었으나 보수정권이 들어서면서 여성 법관 임용이 금지되어 강제 해직되었다. 그 후 변호사로 활동하며 여성과 아동의 인권을 찾기 위해 투쟁했다.

1998년 11월 이란의 반체제 지식인들과 작가들이 살해되는 사건이 발생하자 피해자 가족의 변호를 맡아 개혁을 이끌어내기도 했다. 2000년에는 반정부 인사들을 담은 비디오테이프를 배포하거나 이란의 문제 해결을 위해 베를린 국제회의에 참가하여 경찰에 체포되기도 했다.

여성과 아동에 대한 인권 의식이 낮은 이란의 이슬람법을 개정하기 위해 앞장섰으며 이란 초등학교 교과서에 실린 여성 비하 내용을 개정하는 데도 큰 기여를 했다. 2001년 노르웨이의 국제적인 인권상인 라프토상을 받았으며, 이슬람권 여성으로는 최초로 2003년 노벨평화상을 받았다.

장 앙리 뒤낭

적십자정신의 창시자인 장 앙리 뒤낭은 1828년 5월 8일 스위스 제네바에서 출생했다. 부유한 사업가 집안에서 태어난 그는, 봉사활동에 적극적이었던 부모의 영향으로 어려서부터 환자들과 가난한 사람들을 돕는 데 힘썼다. 청소년기에는 친구들과 함께 빈민구호단체를 결성하여 제네바의 빈민촌에서 봉사활동을 펼쳤는데, 후에 이 단체가 YMCA기독교청년회로 발전했다.

1956년 무역회사를 설립한 앙리 뒤낭은 사업 문제로 당시 전쟁 중이던 프랑스 황제 나폴레옹 3세에게 탄원서를 제출하러 솔페리노로 가던 중 수만 명의 사망자와 부상자를 보게 된다. 그는 사업을 제쳐두고 부상자 구호에 참여하게 되었고, 1862년 당시의 경험을 담은 《솔페리노의 회상》을 출판했다. 책에서 그는 전시의 부상자 구호를 위한 중립적 민간 국제기구 창설의 필요성을 역설했다. 이 내용이 유럽에서 큰 호응을 받아 1863년 국제적십자가 창립되었으며, 같은 해 10월 26일에는 유럽 16개국이 스위스 제네바에 모여 적십자조약인 제네바협약을 체결했다.

적십자운동의 아버지라고 불리는 앙리 뒤낭은 세계평화에 기여한 공로를 인정받아 1901년 제1회 노벨평화상을 받았으며 그의 생일인 5월 8일을 적십자의 날로 정해 기념하고 있다.

적십자정신은 누구나 존엄성이 있다는 인도주의Humanity, 차별을 금지하는 불편부당성Impartiality, 어느 상황에서든 중립을 지키는 중립성Neutrality, 국내법의 간섭에서 완전히 자유로운 독립성Independence, 이윤 추구가 아닌 자발적 봉사원칙Voluntary Service, 하나로 뭉쳐야 한다는 단일성Unity, 누구나 동등하다는 보편성Universality의 일곱 가지 기본 원칙을 두고 있다. 적십자정신을 이어받은 국제적십자는 1917년, 1944년, 1963년에 걸쳐 총 세 번 노벨평화상을 수상했다.

리하르트 폰 바이츠제커

"과거를 눈감는 이는 현재도 볼 수 없다."라는 연설로 유명한 독일의 전 대통령 리하르트 폰 바이츠제커는 제2차 세계대전 전범국가인 독일의 인격을 다시 일으켜 세우는 데 일조한 정치가다.

대학 졸업 후 변호사로 활약하다 1954년 CDU독일기독교민주동맹에 입당하면서 정치 생활을 시작했고, 호소력 있는 리더십을 바탕으로 1981년부터 4년간 서베를린 시장을 역임했다. 이에 그치지 않은 바이츠제커는 1984년과 1989년 연이어 대통령에 선출되어 분단국이었던 동·서독의 통일을 이끌었다.

인류의 민주화와 반전운동을 지속하고 있는 바이츠제커는 '높은 차원의 정치를 구현한 지도자', '시대의 양심'이라는 평을 받고 있으며, 1990년과 1999년 두 차례 한국을 방문, 분단국의 현실을 우려하고 남북의 평화를 기원한 바 있다.

세계인권선언

전문前文

인류 구성원 모두의 존엄성과 양도할 수 없는 권리를 인정하는 것이 세계의 자유, 정의, 평화의 토대다. 인권을 무시하고 경멸하는 만행이 어떤 결과를 초래했던가를 기억해보라. 인류의 양심을 분노케 했던 야만적인 일들이 일어나지 않았던가?

그러므로 오늘날 보통사람들이 바라는 간절한 염원은 '이제 제발 모든 인간이 언론의 자유, 신념의 자유, 공포와 결핍으로부터의 자유를 누릴 수 있는 세상이 왔으면 좋겠다.'는 것이리라.

유엔헌장은 이미 기본적 인권, 인간의 존엄과 가치, 남녀의 동등한 권리에 대한 신념을 재확인했고, 보다 폭넓은 자유 속에서 사회 진보를 촉진하고 생활수준을 향상시키자고 다짐했다. 그런데 이러한 약속이 제대로 실천되려면 모든 사람이 인권이 무엇이고 자유가 무엇인지에 대해 이해해야만 한다.

따라서 유엔총회는 이제 모든 개인과 조직이 이 선언을 항상 마음속 깊이 간직하면서, 국내적으로든 국제적으로든 지속적인 조치를 통해 보편적 자유와 권리신장을 위해 노력하도록, 모든 인류가 '다 함께 달성해야 할 하나의 공통기준'으로서 '세계인권선언'을 선포한다.

제1조	모든 사람은 태어날 때부터 자유롭고, 존엄하며, 평등하다. 모든 사람은 이성과 양심을 가지고 있으므로 서로를 형제애의 정신으로 대해야 한다.

제2조	모든 사람은 인종, 피부색, 성, 언어, 종교 등 어떤 이유로도 차별받지 않으며, 이 선언에 나와 있는 모든 권리와 자유를 누릴 자격이 있다.

제3조	모든 사람은 자기 생명을 지킬 권리, 자유를 누릴 권리, 그리고 자신의 안전을 지킬 권리가 있다.

제4조	어느 누구도 노예가 되거나 타인에게 예속된 상태에 놓여서는 안 된다. 노예제도와 노예매매는 어떤 형태로든 일절 금지한다.

제5조	어느 누구도 고문이나 잔인하고 비인도적인 모욕, 형벌을 받아서는 안 된다.

제6조	모든 사람은 법 앞에서 '한 사람의 인간'으로 인정받을 권리가 있다.

제7조	모든 사람은 법 앞에 평등하며, 차별 없이 법의 보호를 받을 수 있다.

제8조　모든 사람은 헌법과 법률이 보장하는 기본권을 침해당했을 때, 해당 국가 법원에 의해 효과적으로 구제받을 권리가 있다.

제9조　어느 누구도 함부로 체포, 구금, 추방당해서는 안 된다.

제10조　모든 사람은 자신이 한 행위가 범죄인지 아닌지를 판별 받을 때, 독립적이고 공평한 법정에서 공정하고 공개적인 심문을 받을 권리가 있다.

제11조　범죄 혐의로 기소된 사람은 자신을 변호하는 데 필요한 모든 것을 보장받아야 하고, 누구든지 공개재판을 통해 유죄가 입증될 때까지 무죄로 추정될 권리가 있다.

제12조　개인의 프라이버시, 가족, 주택, 통신에 대해 타인이 함부로 간섭해서는 안 되며, 어느 누구의 명예와 평판에 대해서도 타인이 침해해서는 안 된다.

제13조　모든 사람은 자기 나라 영토 안에서 어디든 갈 수 있고, 어디서든 살 수 있다. 또한 그 나라를 떠날 권리가 있고, 다시 돌아올 권리도 있다.

제14조 모든 사람은 박해를 피해, 타국에 피난처를 구하고 그곳에 망명할 권리가 있다.

제15조 누구나 국적을 가질 권리가 있다. 누구든지 정당한 근거 없이 국적을 빼앗기지 않으며, 자기 국적을 바꾸거나 다른 국적을 취득할 권리가 있다.

제16조 성년이 된 남녀는 인종, 국적, 종교의 제한을 받지 않고 결혼할 수 있으며, 가정을 이룰 권리가 있다. 결혼에 관한 모든 문제에 있어서 남녀는 똑같은 권리를 갖는다.

제17조 모든 사람은 혼자서 또는 타인과 공동으로 재산을 소유할 권리가 있다. 어느 누구도 자기 재산을 정당한 이유 없이 남에게 함부로 빼앗겨서는 안 된다.

제18조 모든 사람은 사상, 양심, 종교의 자유를 누릴 권리가 있다.

제19조 모든 사람은 의사표현의 자유를 누릴 권리가 있다.

제20조 모든 사람은 평화적인 집회 및 결사의 자유를 누릴 권리가 있다.

제21조 모든 사람은 직접 또는 자유롭게 선출된 대표자를 통해, 자국의 정치에 참여할 권리가 있으며 자기 나라의 공직을 맡을 권리가 있다.

제22조 모든 사람은 사회의 일원으로서 사회보장을 받을 권리가 있다.

제23조 모든 사람은 일할 권리, 자유롭게 직업을 선택할 권리, 공정하고 유리한 조건으로 일할 권리, 실업 상태에서 보호받을 권리가 있다. 모든 사람은 차별 없이 동일한 노동에 대해 동일한 보수를 받을 권리가 있다.

제24조 모든 사람은 노동시간의 합리적인 제한과 정기적 유급휴가를 포함하여, 휴식할 권리와 여가를 즐길 권리가 있다.

제25조 모든 사람은 먹을거리, 입을 옷, 주택, 의료, 사회서비스 등을 포함해 가족의 건강과 행복에 적합한 생활수준을 누릴 권리가 있다.

제26조 모든 사람은 교육받을 권리가 있다. 초등교육과 기초교육은 무상이어야 하며, 특히 초등교육은 의무적으로 실시해야 한다. 부모는 자기 자녀가 어떤 교육을 받을지 '우선적으로 선택할 권리'가 있다.

제27조 모든 사람은 자기가 속한 사회의 문화생활에 자유롭게 참여하고, 예술을 즐기며, 학문적 진보와 혜택을 공유할 권리가 있다.

제28조 모든 사람은 이 선언의 권리와 자유가 온전히 실현될 수 있는 체제에서 살아갈 자격이 있다.

제29조 모든 사람은 자신이 속한 공동체에 대해 한 인간으로서 의무를 진다.

제30조 이 선언에서 말한 어떤 권리와 자유도 다른 사람의 권리와 자유를 짓밟기 위해 사용될 수 없다. 어느 누구도 남의 권리를 파괴할 목적으로 자기 권리를 사용할 권리는 없다.